Серия книг о сыновстве:
Книга 2

Возрастание в сыновстве

Джессика Онсага

Эта серия книг посвящена сынам Божьим, которые говорят Яхве «ДА», — чего бы им это ни стоило. Пусть эти книги помогут вам возрастать в сыновстве и зрелости в хождении со Христом.

Серия книг о сыновстве: Возрастание в сыновстве Джессика Онсага

Издательство Seraph Creative

www.seraphcreative.org

СОДЕРЖАНИЕ

ПРЕДИСЛОВИЕ

Все аспекты Евангелия прежде всего сосредоточены на отношениях. Это вечная история любви Триединого Бога, Который Свои ключевые решения основывает на отношениях, включая нас в Свою богатую, страстную, ориентированную на других жертвенную любовь – в ту самую любовь, которой наслаждается вся Троица – Отец, Сын и Дух Святой. К сожалению, люди превратили эту историю любви в историю ужасов, выдавая Евангелие за некую транзакцию или механический процесс юридического прощения, благодаря которому мы можем избежать ада и пойти на Небеса. Подобное евангелие уловило миллионы людей в трагический кошмар религии, только чтобы они сдались, вымотавшись в попытках угодить этому далекому божеству.

По моему мнению, юридическое евангелие – это основная причина психических проблем и многих разрушительных зависимостей. Я благодарю Бога, что Он поднимает голоса таких людей, как Джессика Онсага, которая в книге из этой краткой серии «Возрастание в сыновстве» стремится восстановить древнее Евангелие с его изначальной страстью и силой! Она пишет ясно и предельно точно. А ясность – это доброта.

Бог, в Которого мы верим, становится линзой, через которую мы видим все и всех. Если эта линза треснула или исказилась, тогда все видимое через нее тоже становится испорченным и искаженным. Джессика намерена помочь нам исправить эту линзу. Более того, она предлагает простую, но действенную схему, как осуществить «путешествие сердца», чтобы добровольно отдаться этой непреодолимой Любви, учась отделять шепот зла и верить голосу Истины. Джессика бросает нам вызов верить Писанию дословно. К примеру, если Писание говорит: «В Нем мы живем, и движемся, и существуем», значит, оно подразумевает, что мы можем иметь полное подкрепление в Его присутствии. По мере чтения данной книги и других частей серии, пожалуйста, помните: прежде чем освободить вас, Истина может шокировать. Поэтому, если внутри возникает сопротивление, не прекращайте читать. Молитесь, чтобы Отец дал вам понимание, и перечитывайте данные части. Я уверен, что Дух наставит вас на «всю истину».

Есудиан Сильвестр

ВВЕДЕНИЕ

Это вторая книга в краткой серии книг о сыновстве. Данная серия была написана, чтобы помочь верующим возрастать и достигать зрелости в своем хождении с Яхве! Чтение первой книги данной серии «Основание» поможет с тем, чтобы начать, поскольку она закладывает теологическое основание, на котором написаны все остальные части. Если вы начнете не с первой книги, вы можете не понять основу, на которой построены все части серии. Остальные книги можно читать в любом порядке, однако инструменты, преподанные в «Основании», особенно важны для данной книги.

Цель краткой серии книг о сыновстве в том, чтобы помочь вам начать диалог с Яхве и углубиться в Него. Я не буду цитировать каждый стих или целиком объяснять каждую тему, о которой пишу, и это сделано намеренно. Надеюсь, что вы будете исследовать те вещи, которыми я делюсь, чтобы раскрыть их самостоятельно. Задача в том, чтобы приносить все, что вы узнаете и читаете в этой книге, к Иисусу. Он отфильтрует нужное и покажет, как данная информация может снарядить вас в вашем личном путешествии с Ним. Эти слова станут лишь поверхностным знанием разума, если не позволить Иисусу дать через них откровение в сердце. Знание разума – это информация об Иисусе, которая однако не проникла в сердце (душу), из-за чего вы не поверили ей по-настоящему. Знать лишь разумом опасно, потому что это делает людям прививку от истины: они думают, что знают ее, однако не знают Саму Истину. Настоящее преображение происходит, когда мы встречаемся и соглашаемся с Истиной в душе. Чтобы достигать зрелости и возрастать, сынам Божьим очень важно научиться пребывать в Иисусе. Краткая серия книг о сыновстве дает вам достаточно информации, чтобы возбудить жажду по большему. Я хочу, чтобы вы взыскали Иисуса в отношении всего, что сказано в данных книгах. Ища Его, мы становимся больше похожими на Него.

Яхве желает, чтобы мы возрастали в сыновстве и зрелости в своих отношениях с Ним. Мы все начинаем с младенчества во Христе, однако большинство христиан ОСТАЮТСЯ младенцами всю свою жизнь. Для нас приготовлено гораздо большее, чем просто спасение. Мы нуждаемся в собственном исцелении и восстановлении, а этот мир в буквальном смысле умирает в ожидании, когда сыны Божьи поднимутся и высвободят Небеса на землю. В данной книге мы будем исследовать «со-стихи» в Евангелии и научимся относиться к земле как сыны Божьи. Это положит начало нашему путешествию в познание возрастания и зрелости во Христе. Лучшее еще впереди!

Глава первая

ЭТО СО-ЕВАНГЕЛИЕ

Осознание, что в момент спасения мы мгновенно стали ОДНИМ с Иисусом, меняет все. Мы теперь живем в совместной реальности: со-распялись; со-воскресли; совместно посажены; со-наследники; со-работники; со-правители. Это со-Евангелие! Совместная реальность, в которой мы находимся, обладает глубиной и тайной, которую нужно исследовать. Каждый раз, когда в слове встречается приставка «со», она означает «с», «вместе» или «совместно». Вы никогда не бываете в одиночестве. Это невозможно в буквальном смысле! Я весьма рекомендую вам тщательно поразмышлять над «со-стихами», в которые мы будем углубляться, и пообщаться с Яхве о них!

Я лишь поверхностно коснусь тайны этих «со-стихов» в надежде, что вы исследуете их с Иисусом! Первые три совместных сущности (со-распяты, со-воскресли и совместно посажены) возникают в тот момент, когда мы выбираем Иисуса как своего Господа и Спасителя. Эти совместные сущности – часть того, что я буду называть «со»- спасения. Следующая совместная сущность, которую мы будем обсуждать, – это со-наследники. Я отношу со-наследников к категории «со-зрелости», потому что это меняет наши отношения с Яхве. Затем мы нырнем в самое сердце данной книги: соработничество и со-правление! Последние я называю категорией «со-сыновства»! Причина написания данной книги – «со-сыновства», однако прежде чем перейти к ним, для начала нужно коротко пройтись по всем остальным.

CO-СПАСЕНИЯ

Со-распяты, со-воскресли и совместно посажены

CO-РАСПЯТЫ

> Галатам 2:19-20 (Синод.):«...я сораспялся Христу, и уже не я живу, но живет во мне Христос. А что ныне живу во плоти, то живу верою в Сына Божия, возлюбившего меня и предавшего Себя за меня».

Иисус никогда не просит нас делать что-то, что Он не сделал первым! ЭТО мощный концепт! Иисус отдал все, чтобы прийти на землю как человек. Он не только оставил Небеса, но также избрал прийти <u>слабым</u> и <u>уязвимым</u> в теле младенца, как и мы. Иисус сделал Себя уязвимым для нас в сердце и в теле. Какой бог выберет оставить все И прийти в виде беспомощного младенца, чтобы спасти свое творение?! Он ЗНАЛ, что переживет жестокую и ужасную смерть, что делает это невероятным с человеческой точки зрения! Чем больше об этом думаешь, тем поразительней это выглядит!

Поэтому Иисус пришел первым. Он прошел через все, прежде чем просить нас об этом. Я уверена, вам интересно, что стало с людьми, жившими до пришествия Иисуса. Как это Иисус стал первым? Иисус был заклан до основания мира. Есть некая тайна, сокрытая в том, что Иисус живет вне времени и пространства! Иисус же сказал нам: «Я есмь Альфа и Омега, начало И конец...» Эта концепция соединения времени превосходит нашу ограниченную возможность понимания. Яхве знал, что мы услышим странные вещи. И у нас есть выбор: либо принять эти тайны, либо закрыться и построить вокруг этого замкнутую теологию. Например, Библия говорит, что мы исцелены, – в прошедшем времени. Это странно, потому что наши тела на данный момент не исцелены. Мы можем принять эту тайну и взращивать свою душу ИЛИ можем просто замкнуться и построить теологию, утверждающую, что «Бог больше не исцеляет». В Библии и в духовном мире есть много-много тайн и неортодоксальных вещей. Позволите ли вы сломать свою коробочку, чтобы душа могла расти, или же станете замыкаться каждый раз, когда будете слышать что-то, выходящее за рамки? Я вам предлагаю: Иисус пришел первым, пострадал первым, воскрес и вознесся первым. Он – Лидер, показывающий пример Своими действиями, а не гаркающими командами. И это поистине невероятно!

После того как Иисус этого всего добился, мы получили приглашение следовать Его примеру и водительству. Первый шаг – это со-распятие. Чтобы получить исцеление и спасение, мы сначала должны умереть. Да, вы все верно прочитали! Мы – часть перевернутого Царства, которое полно тайн и находится в совершенном конфликте с тем, как работает этот мир! Наши наполненные грехом сердца должны умереть, чтобы мы преобразились. Грех заставляет нас отстраняться от Бога. Как мы вообще можем стать едиными с Яхве, если мы от Него убегаем? Наша греховная природа должна умереть.

К счастью, смерть нашей греховной природы не столь отвратительна, как то, что пережил Иисус. Чтобы распяться со Христом, мы выбираем подчинить себя Богу. Все. Со-распятие – это убийство нашей греховной природы, нашей плоти. Мы не переживаем физическую смерть, как это было со Христом, а проходим через смерть своей греховной природы. Наша плоть – это греховная часть души, отвергающая Бога. Позднее в этой книге мы еще подробно поговорим о подчинении, а пока просто поймите, что полное подчинение Яхве убивает плоть. Вот почему мы призваны КАЖДЫЙ ДЕНЬ брать свой крест.

> Луки 9:23 (Дословный перевод НРП): «Потом Иисус сказал им: Если кто желает быть Моим последователем, пусть отречется от самого себя и, каждый день беря свой крест, следует за Мной».

Если мы не изберем ежедневно убивать свою греховную природу, тогда она проберется обратно, и мы возвратимся к исходной точке. Как глупо было бы один раз набрать глоток воздуха, ожидая, что его хватит для поддержания жизни? Но это именно то, что многие христиане делают каждый день: они получают спасение и думают, что их греховная природа волшебным образом испаряется, ИЛИ наоборот верят, что придется жить в грехе до самой смерти. Иисус понимал, что нам нужно каждый день полностью подчинять себя Яхве, чтобы исполняться изобильной жизнью. Мы со-распяты со Христом, однако день ото дня, момент за моментом мы можем избирать следовать за своей плотью, а не за Иисусом. Все сводится к нашей свободной воле и выбору между нашей плотью и Иисусом. Даже получив спасение и будучи со-распятыми со Христом, мы ВСЕ ЕЩЕ обладаем свободной волей. Мы детально обсуждали эту тему в третьей главе книги «Основание»:

> Когда мы рождаемся, душа берет на себя функцию управления. Наша судьба и та реальность, в которой мы живем, определяется убеждениями нашей души. Это та сфера, за которую МЫ в процессе нашего преображения ответственны сами, так как именно в душе помещена наша свободная воля. Я объясню. В тот момент, когда мы получаем спасение, наш дух становится ОДНИМ духом со Христом. Наша сущность изменилась на постоянной основе. Мы были бессильны спасти самих себя. Для полного преображения нам нужен был Спаситель, и Иисус нас спас! Мы получили наилучшее предложение во всей вселенной: стать ОДНИМ духом с Самим Богом и присоединиться к вечному танцу любви! Однако Богу не нужны были роботы. Каким-то образом Иисусу необходимо было

сохранить нашу свободную волю. Именно поэтому Он предложил нам стать единым с Ним и вложить в нас Свой собственный Дух, который дает силы на все. Наше единение со Христом — это наше изобилие, наша целостность, наша победа, наша сила и наш якорь. Так что Иисус СПАС нас и дал нам силы в нашем духе, одновременно сохранив свободу выбора в душе. Итак, теперь мы имеем в духе силу от ИИСУСА на всякое дело, НО в каждый момент времени за душой остается выбор во всех ее областях. То, каким образом Иисус спас нас, одновременно сохранив нашу свободную волю, поистине гениально!

Слово «сораспяты» стоит в прошедшем времени. Это уже случилось раз и навсегда, однако у нас все еще есть свободная воля, чтобы каждый день выбирать Иисуса. Мы вечно ЕДИНЫ с Иисусом, это свершено! Это законченное дело, однако мы решаем, будет ли наша душа жить в полном согласии с Ним. Выбирая Иисуса вместо своей плоти, мы определяем преображение своей души. По мере обновления нашего разума, то, что уже свершено в нашем духе, проистекает в душу и преображает всю нашу жизнь.

> Римлянам 12:2 (НРП): «Не приспосабливайтесь к образу жизни этого мира, но преображайтесь, обновляя ваш разум…»

СО-ВОСКРЕСЛИ

1-е Коринфянам 6:14 (Дословный перевод ESV): «И Бог воскресил Господа и нас также воскресит силою Своей».

Бог Отец воскресил Христа из мертвых. Точно так же мы воскресли в нашем со-воскресении со Христом. Во Христе, едины со Христом и как Христос тут, на земле! По культурной традиции мы ставим ОГРОМНОЕ ударение на распятии и очень мало на воскресении. Христиане так любят крест, что он стал символом христианства. «Христос умер за тебя!» – написано на плакатах как часть каждого послания о спасении, и хотя крест бесценен, ЖИЗНЕННО ВАЖНАЯ часть истории – это воскресение! Мы уже были мертвыми в грехе. Поэтому то, что Иисус умер и понес наши грехи, нам не ПОМОГАЕТ. Было бы очень мило с Его стороны просто отдать Свою жизнь за нас, однако СИЛА того, что сделал Иисус, была в ВОСКРЕСЕНИИ. Он ПОБЕДИЛ смерть!

> *1-е Коринфянам 15:17 (Синод.): «А если Христос не воскрес, то вера ваша тщетна: вы еще во грехах ваших».* [Подчеркивание автора.]

> *1-е Коринфянам 15:20-22 (Дословный перевод BSB): «Но Христос действительно воскрес из мертвых! Он – первый плод среди тех, кто уснул. Потому что как смерть пришла в этот мир через одного человека, так через одного Человека пришло и воскресение мертвых. Как все умирают в Адаме, так все будут оживлены во Христе».* [Подчеркивание автора.]

> Римлянам 6:5-8 (Дословный перевод BSB): «Мы знаем, что наша старая природа была распята с Ним, чтобы лишить власти греховное тело, чтобы мы больше не были рабами греха. Потому что всякий, кто умер, освободился от греха. Итак, если мы умерли со Христом, то верим, что мы также будем жить с Ним».

Религия сосредоточивается на смерти, потому что вызывает смерть: она не подчеркивает воскресение или нашу сущность как нового творения. Мы были со-распяты как люди, связанные и извращенные своей плотью и сердцами, загрязненными грехом, но затем мы со-воскресли со Христом! Мы ЕДИНЫ с Ним – в буквальном смысле как НОВОЕ творение! Именно ЭТО и есть хорошая новость!

СОВМЕСТНО ПОСАЖЕНЫ

> Ефесянам 2:6 (Дословный перевод NLT): «Потому что Он воскресил нас из мертвых вместе со Христом и посадил нас с Ним в Небесных сферах, потому что мы едины с Иисусом Христом».

Мы посажены со Христом в Небесах! Правда здорово? Так что прямо сейчас верующие едины с Иисусом и сидят с Ним на Небесах. Возможно, вы не чувствуете этого в данный момент, однако Небеса намного реальней этой земли. Духовные законы намного превосходят естественные законы земли. Сверхъестественные (еще один синоним духовным) вещи могут происходить, потому что они действуют в более высоком измерении, чем естественные. Поэтому теперь мы ЖИВЕМ в сверхъестественном (духовном) мире; теперь мы из высшего мира. Вот почему верующие называются пришельцами на земле; мы также называемся посланниками с Небес. Наш вид изменился с людей на сынов Божьих, и в тот же самый момент сменилось и наше место жительства: мы были людьми с земли, а теперь мы сыны Божьи, посаженные в Небесах. Теперь мы призваны жить с Небес на землю. Для нас нет ничего невозможного, потому что мы живем из измерения, стоящего над физическими законами. Как это замечательно!

Наш статус также свершенное дело. Нам не нужно из кожи вон лезть, чтобы услышать: «Молодец, добрый и верный раб!», когда мы умрем и попадаем на Небо! Этому нас учила религия! Нам не нужно зарабатывать Божье одобрение. «Свершилось!» Мы ПОСАЖЕНЫ со Христом не потому, что что-то сделали, а благодаря щедрой любви Яхве! Когда Отец смотрит на нас, Он видит Иисуса! Смотря на нас, Он говорит: «Сей есть Сын Мой Возлюбленный, в Котором Мое благоволение!»

В книге «Основание» я детально объяснила, как изменилась наша сущность в тот момент, когда мы выбрали Христа. Совместно посажены – одна из мгновенных перемен, произошедших в момент, когда мы поверили в Иисуса. Мы стали новым творением, которое ЕДИНО с Самим Иисусом, и мы были посажены вместе с Ним.

> Евреям 4:9-11 (Синод.): «Посему для народа Божия еще остается субботство. Ибо кто вошел в покой Его, тот и сам успокоился от дел своих, как и Бог от Своих. Итак, <u>постараемся войти в покой оный, чтобы кто по тому же примеру не впал в непокорность</u>». [Подчеркивание автора.]

Можно написать целую книгу о покое, однако это не тема данной работы. Пока что осознайте, что <u>старания вызывают непослушание,</u> даже если мы стремимся к «хорошим» вещам. Спросите Яхве о покое. Исследование покоя – это ОГРОМНОЕ путешествие, которое радикально преобразит вашу жизнь. Об этом стоит задать Иисусу вопрос. Можно спросить что-то типа: ''Что означает субботний отдых?», «Как он выглядит?», «В каких сферах моей жизни Ты хотел бы научить меня покою?», «Что в моем сердце нуждается в исцелении, чтобы я смог войти в Твой покой?» Эти вопросы приведут к чудесному новому путешествию, если вы решитесь исследовать эту тему дальше, а пока мы продолжим свой путь, исследуя «со»-глаголы в Библии!

«СО-ЗРЕЛОСТИ»

СО-НАСЛЕДНИКИ

> Римлянам 8:16-17 (Синод.): «Сей самый Дух свидетельствует духу нашему, что мы – дети Божии. <u>А если дети, то и наследники, наследники Божии, сонаследники же Христу,</u> *если только с Ним страдаем, чтобы с Ним и*

прославиться». [Подчеркивание автора.]

Я называю это «со-зрелости». Когда мы начинаем видеть, что нам доступно, наша душа меняется и начинает жаждать больше Яхве. Мы можем получить спасение, исцеление и целостность и принять решение остановиться на этом. Большинство христиан останавливаются на спасении, так и не обновляя свой разум, чтобы получить исцеление души и тела. Религия настолько извратила Евангелие, что христиане не понимают три «со-спасения», которые мы только что обсуждали. Когда мы узнаем, что мы со-наследники Христу, это открывает для нас совершенно новую дверь возможностей!

> Со-наследники: реальность того, что в момент, когда мы становимся одним духом с Иисусом, мы получаем ЕГО наследие как сыны Божьи! Все, что имеет Иисус, доступно нам.

Вот почему послание, что мы со-наследники, вызывает такую жажду по Яхве в наших сердцах. Для нас уготовано наследие. Не только вечная жизнь и единство с Иисусом: мы также приглашены иметь ответственность управлять в Небесных сферах и на земле! У нас есть судьба, определенная при основании Земли. Она записана на Небесах и в наших сердцах. Никто не обязывает нас исполнять свой свиток, однако мы приглашены войти в него. По мере того как мы исследуем и входим в свою судьбу, мы оживаем и наполняемся, потому что это записано в наших сердцах. На Небе нет понятия «следует». Павел описал это так:

> *Римлянам 8:1 (Синод.): «Итак, нет ныне никакого осуждения тем, которые во Христе Иисусе…» [Подчеркивание автора.]*

> *1-е Коринфянам 10:23 (BSB): «Все мне позволительно, но не все полезно; все мне позволительно, но не все назидает».*

Даже выбрав Иисуса, мы все еще обладаем свободой воли. Мы решаем, сколько Яхве мы хотим иметь в своей душе. Мы можем получить спасение в религиозном смысле и «одной ногой вступить в Небеса», как делают многие христиане, или же можем полностью подчинить свою свободную волю Иисусу и начать жить самой лучшей жизнью. Мы обсудим подчинение Иисусу более детально далее в этой книге.

Быть со-наследником с Иисусом означает, что все, что есть у Него, становится доступно нам. Оно ДОСТУПНО нам, но дается не просто так. Родитель не даст маленькому ребенку ключи от машины: это может нанести вред или даже убить ребенка, потому что он еще не созрел до того, чтобы управлять столь мощной силой. Получается, что родитель удерживает это от ребенка? Можно и так сказать... и большинство христиан верят, что Бог удерживает что-то от них. Однако действительно ли родитель удерживает это, или же он ждет, пока малыш вырастет настолько, чтобы справиться с такой ответственностью? НЕ давать ребенку машину – проявление доброты со стороны родителя, потому что малыш может серьезно пострадать или убить себя или кого-то другого. Точно так же есть вещи, хранящиеся ДЛЯ нас на Небесах, однако мы их не получим, пока не станем способны управиться с ними так, как управляется с ними Отец. Яхве – добрый Отец, и Он дает благие дары! Он не даст нам то, что может навредить нам или другим людям. Я объясняла это по-другому в седьмой главе книги «Основание»:

ВСЕ мы начинаем с этого состояния; ВСЕ мы поначалу младенцы, когда рождаемся свыше… но Божье намерение, чтобы мы росли! Мы были предназначены к УПРАВЛЕНИЮ и ЦАРСТВОВАНИЮ со Христом. Плотские младенцы не имеют силы и готовности править с Иисусом. Для нас столько всего приготовлено, и это все уже есть в нас благодаря Ему! Если мы выбираем достигнуть зрелости, от нас требуется принять на себя ответственность и начать «растягивать» себя, что является неизбежным спутником взросления.

Ефесянам 1:4-5 (Дословный перевод NLT): «Еще прежде создания мира Бог <u>возлюбил</u> нас и <u>избрал</u> нас во Христе, чтобы мы были святы и непорочны в Его глазах. Бог решил заранее усыновить нас в Свою собственную семью, приблизив нас к Себе чрез Иисуса Христа. Вот что Он хотел сделать, и это доставило Ему великое удовольствие». [Подчеркивание автора.]

Значение слова «усыновить» в языке оригинала отличается от нашего нынешнего восприятия этого понятия. Когда мы слышим «усыновить», мы представляем себе сироту, которого взяли (усыновили) в новую семью. Как бы прекрасно ни звучала фраза, что Бог «усыновил» нас, этот отрывок означает нечто гораздо лучшее! В еврейской культуре усыновление – это МОЩНЫЙ момент, когда отец представляет своего сына всему колену как ЗРЕЛОГО сына, который может заниматься делами от имени самого отца! ВАУ! Он уже от рождения полноценный сын своего отца, однако когда юноша достигает зрелости, он «усыновляется» и получает власть и доверие отца!

В еврейской культуре усыновление – это статус, в который сын выбирает вырасти. Он происходит от своего отца и похож на него, потому что сотворен от него. (Помните, мы сотворены по образу Самого Бога! Мы также Его потомство от самого начала!) Затем, согласно еврейской культуре, когда сын достигает определенного возраста, он достигает бар-мицвы. Это празднование в честь становления сына из мальчика в мужчину. С этого момента отношение к нему и спрос с него как с мужчины. Но поскольку никто не вырастает за одну ночь, сыну все равно есть чему учиться и куда расти, пока его смогут признать зрелым. Достижение зрелости – это процесс, который нельзя сократить: будут совершаться ошибки, сбиваться спесь, необдуманное дерзновение превратится в постоянную мудрость. По мере достижения сыном зрелости, отец учит его правильному характеру и наставляет в семейном деле, до тех пор, пока сыну нельзя будет доверить управление делом <u>так, как это делал бы отец.</u> Как только молодой человек созрел и может принимать влиятельные решения, отец «усыновляет» его. Отец созывает старейшин города и собирает всю семью, и перед всеми этими людьми он публично УСЫНОВЛЯЕТ своего сына. С этого момента семья и все колено знает, что у сына есть власть действовать и вести дела от имени своего отца, как если бы это был он сам. Вот в чем зрелость.

Вот почему я причисляю статус со-наследников к «со-зрелости». Это переход от младенцев в Господе к процессу созревания, чтобы стать «усыновленными» сынами Божьими!

<u>СТИХИ, КАК ОН СОДРОГАЛСЯ ПЕРЕД СТРАДАНИЯМИ</u>

вставить тут вздрагивание

Прежде чем обсуждать еще одну группу «со-глаголов» в Библии, неплохо рассмотреть окончание стиха о со-наследниках, о котором мы говорим всю данную главу. Вместо приукрашивания части, которая касается страданий, я бы хотела, наоборот, копнуть поглубже и пролить немного света на эту тему.

Римлянам 8:16-18 (Синод.): «Сей самый

Дух свидетельствует духу нашему, что мы – дети Божии. А если дети, то и наследники, наследники Божии, сонаследники же Христу, <u>если только с Ним страдаем, чтобы с Ним и прославиться. Ибо думаю, что нынешние временные страдания ничего не стоят в сравнении с тою славою, которая откроется в нас</u>». [Подчеркивание автора.]

Нам всем становится очень не по себе от идеи страданий: мы ненавидим боль и муки. Испытания, скорби и гонения ОЧЕНЬ ЧАСТО упоминаются в Библии. Они гарантированы верующим, так что будет хорошо прояснить данный вопрос в своих сердцах. Если мы продолжим игнорировать реальность страданий, то лишь настроимся на смятение при виде каждой сложности, с которой будем сталкиваться. Чем больше мы сопротивляемся сложным временам, тем больше пугаемся, когда они наступают. Вот почему мы очень тщательно рассмотрим данную тему, но прежде, чем нырнуть в нее, давайте вспомним некоторые из стихов, которые нам так сложно переваривать:

Иоанна 16:33 (Синод.): «Сие сказал Я вам, чтобы вы имели во Мне мир. В мире будете иметь скорбь; но мужайтесь: Я победил мир».

1-е Петра 5:9-10 (НРП): «Будьте тверды в вере и противостаньте дьяволу, помня, что по всему миру ваши братья терпят такие же страдания. После вашего кратковременного страдания Бог, источник всякой благодати, призвавший вас к вечной Своей славе через Иисуса Христа, восстановит вас, даст твердость, силу и стойкость''.

Откровение 2:10 (НРП): «Не бойся предстоящих страданий. Некоторых из вас дьявол заключит в темницу, чтобы испытать вас, и вы десять дней будете терпеть страдания. Но оставайся верным даже до смерти, и Я дам тебе венец жизни».

2-е Коринфянам 4:16-18 (Дословный перевод ESV): «Поэтому мы не унываем. Хотя наша физическая оболочка изнашивается, внутренний человек изо дня в день обновляется, так как эти легкие и временные страдания подготавливают нас к весомой и вечной славе, не сравнимую ни с чем, поскольку мы смотрим не на видимое, а на невидимое, потому что видимое временно, а невидимое вечно».

Есть и другие стихи на данную тему, но я думаю, вы уловили мысль. Если вы любите Иисуса, вы столкнетесь с трудностями, однако по зрелому размышлению, вы в любом случае столкнетесь с ними, даже если не верите в Него, потому что эта жизнь так или иначе не проста. Разница для нас – верующих – в том, что у нас есть Иисус! В этом мире не избежать боли, НО возможно проходить через нее, находясь в покое. Сложные времена останутся таковыми, однако Иисус больше всего, с чем мы сталкиваемся. Нам ДЕЙСТВИТЕЛЬНО возможно стать непоколебимыми в любой шторм. Боль может нас укрепить или сломать: мы решаем, какой исход будет в нашей жизни. Я молюсь, чтобы этот раздел дал вам пережить прорыв в страданиях, вместо поражения.

Римлянам 5:3-5 (Дословный перевод BSB): «...мы радуемся в наших страданиях, потому что знаем, что страдания вырабатывают стойкость, стойкость производит характер, а характер – надежду. Надежда же не разочаровывает, потому что Бог излил Свою любовь в наши сердца через Святого Духа, Которого Он дал нам». [Подчеркивание автора.]

Иакова 1:2-4 (Дословный перевод ТРТ): «Братья мои по вере, когда вам кажется, что вы сталкиваетесь только с трудностями, <u>считайте их бесценной возможностью пережить величайшую радость,</u> какую только можно! Потому что вы знаете, что когда вера испытывается, она производит силу терпения. А когда увеличивается терпение, оно высвобождает защиту в каждую часть вашего существа, пока не остается ничего, чего бы не хватало или недоставало». [Подчеркивание автора.]

Как бы это ни было досадно, страдание производит в нас характер, который можно выработать только в сложные времена. Это как физические тренировки: когда мы упражняемся, нам больно, однако это помогает наращивать мышцы и развивать выносливость. Точно так же сложные времена как ничто другое обладают способностью взращивать выносливость нашей души. Я могу искренне заявить, что благодарна за то, с чем столкнулась в жизни. Хотела я этого? Нет. Однако то, что Иисус взрастил в моем сердце, сейчас для меня бесценно. Яхве восстановил из пепла мою жизнь во многих сферах: моя душа достигла большей зрелости в характере и мудрости, я выросла в доверии к Иисусу и стала менее колеблющейся во время каждого испытания. Если мы остаемся подчиненными Иисусу во время боли и страданий, наши сердца нацеливаются на свободу и рост. То, что сатана замыслил как инструмент для нашего уничтожения, Яхве использует для нашего прорыва!

<u>При обсуждении темы страданий нужно охватить много граней:</u>

- Враг приходит убить, украсть и уничтожить, а Иисус пришел, чтобы мы имели ЖИЗНЬ!

  ⊠ Яхве не заставляет ужасные вещи происходить, и Он не хочет, чтобы мы страдали. Иисус настолько велик и добр, что Он может возвращаться назад и искупать прошлые испытания, даже если в тот момент наши сердца были ожесточены! Яхве делает так, чтобы наши страдания ОБЯЗАТЕЛЬНО были искуплены. Последнее слово за Ним. Страдания – это ужасно, однако Иисус делает так, чтобы то, что мы получали взамен, стоило того. И ЭТО мощно!

- Мы никогда не одиноки, даже если нам так кажется.

  - С нами в огне всегда будет еще Кто-то (Даниил 3:25), однако не все видят Иисуса, стоящего рядом в раскаленной печи. Мы не страдаем в одиночестве: мы едины с Иисусом, и Он с нами в наших муках.

  - Нормально не хотеть мучиться, однако бояться страданий не нормально.

    o Страх приводит нашу душу к нездоровому состоянию мышления. Боясь, мы не способны четко рассуждать, слышать или видеть. Страх – это враг, поэтому для нас не норма с ним сотрудничать. «НЕ БОЙСЯ!» – самая часто повторяющаяся команда в Библии! Мы можем находиться в покое посреди мучений, однако это происходит только через дружбу с Иисусом. Никакое количество проповедей или книг не могут уговорить нашу душу не бояться боли. Единственный способ оставаться в покое, несмотря на обстоятельства, – это приближаться к Яхве и взаимодействовать с Ним.

- Если страдания лишают нас мира, мы не сможем заявить о своей власти над ними.

- Билл Джонсон объясняет это так: «Можно обладать властью только над тем штормом, в течение которого ты можешь спать». Нам необходимо понимание, что страдания – это равновесие между способностью посмотреть фактам в лицо и одновременным осознанием, что мы сыны Божьи, призванные приносить Небеса на землю, чтобы страдания остановить.

- Страдания длятся всего лишь мгновение, хотя нам они могут казаться вечностью.

- По ощущениям они могут выглядеть как нечто значительное и как ''конец света'', однако с точки зрения вечности – это пар. Страдания приносят боль и дискомфорт и кажутся длиной в вечность, но, к счастью, они проходят. Эта мысль приносит утешение, только когда мы начинаем смотреть на землю с вневременной, Небесной точки зрения.

Умение сохранять близость с Иисусом ДО испытания – это ключ к выносливости в страданиях. Например, если бы спортсмен вообще не тренировался перед соревнованиями, он был бы не подготовлен и не натренирован, если бы начинал заниматься только ВО ВРЕМЯ мероприятия. Однако христиане делают это постоянно: они живут как хотят, начиная относиться к Иисусу серьезно, только когда приходит буря. Тогда <u>они</u> начинают негодовать и обижаться на Бога, хотя именно <u>их</u> недостатки характера и история отношений с Иисусом вызвали эти эмоции. Чтобы выносить страдания, нужно быть в близости с Иисусом ДО ТОГО, как приходит шторм. Нам сложно соединяться с Иисусом в обстоятельствах, вызывающих бурю эмоций, поэтому лучше практиковать это до того, как наступают сложные времена. Если мы будем дожидаться их, чтобы подчинить себя Христу, у нас не будет силы характера и познаний, как сохранять близость с Иисусом во время испытаний.

> Римлянам 8:18 (Синод.): «Ибо думаю, что нынешние временные страдания ничего не стоят в сравнении с тою славою, которая откроется в нас».

Как такое возможно, чтобы Павел даже не рассматривал

свои страдания из-за славы, которая открывалась в нем?! Этот ответ можно найти только в поисках Яхве посреди мучений. Когда мы подчиняемся Иисусу, наша душа испытывает чудесный прорыв и преображение. Если мы принимаем реальность страданий и полагаемся на Яхве, нам открываются тайны. Большинство людей неправильно понимают и боятся страданий. Понятно, что мы ненавидим боль и стараемся ее по возможности избегать. Однако есть искупление для боли и красота, которую Яхве сокрыл за дверью страданий. Иначе как еще будет возможно:

- хвалиться скорбями (Римлянам 5:3, Синод.);

- видеть страдания как ценную возможность испытать величайшую радость! (Иакова 1:2, ТРТ);

- быть мужественными (Иоанна 16:33, Синод.).

Я не хочу поверхностно относиться к теме страданий, потому что мы живем в такое историческое время, когда ситуация может стать интенсивной и трудной. Я надеюсь придать вам уверенности в благости и величии Яхве посреди скорбей и научить вас расти в глубоких, личных отношениях с Ним. Я надеюсь, что вы спросите Иисуса о страданиях, хотя на данную тему очень неудобно разговаривать. Попросите Его открыть вам эти тайны и показать точку зрения Небес. Даже в страданиях можно найти много красоты и тайны, потому что Иисус настолько благ!

> Исаия 61:2-3 (Дословный перевод ТРТ): «Я послан объявить новый сезон благодати Яхве и время Божьего воздаяния Его врагам, утешить всех, кто в печали, укрепить тех, кто сокрушен отчаянием и кто скорбит на Сионе – дать им прекрасный букет вместо пепла, елей блаженства вместо слез и мантию радостной хвалы вместо тяжелого духа...»

Лучшее еще впереди! Бояться нечего!

Глава вторая

СО-РАБОТНИКИ

ПЕРВОЕ «СО»-СЫНОВСТВА

1-е Коринфянам 3:9 (Дословный перевод KJV): «Ибо мы соработники с Богом...»

Вот мое определение соработничества: соработничество – это партнерство с Иисусом, в котором мы творим разные вещи на земле и в Небесах. Соработничество – это совместное дело. Соработничество начинается тогда, когда человек полностью подчиняет себя Яхве. Подчиняясь, мы получаем исцеление, взращиваем свой характер и становимся более похожими на Иисуса. Оно увеличивает нашу способность оставаться в состоянии покоя вне зависимости от чего бы то ни было, а также увеличивает нашу уверенность в Яхве. По мере партнерства с Иисусом мы проявляем на земле реальность нашего вечного танца любви! Это плод нашего болезненного подчинения, а награда – правление с Христом в мирах. Я весьма радуюсь этому, сейчас больше, чем когда-либо, потому что вся земля стенает, ожидая, когда сыны Божьи войдут в свою судьбу!

ЧЕМ СОРАБОТНИЧЕСТВО НЕ ЯВЛЯЕТСЯ

Соработничество НЕ означает рабский менталитет

Иоанна 15:15 (НРП): «Я больше не называю вас слугами, потому что слуга не знает, что делает его хозяин, но Я называю вас друзьями, потому что все, что Я услышал от Моего Отца, Я открыл вам».

Находясь в религии, я искренне любила Бога как Своего Господина и хотела служить Ему. Я часто думала про себя: «Я просто хочу услышать, что Бог говорит мне: «Хорошо, добрый и верный раб!» И эта фраза сегодня разбивает мне сердце, потому что я неправильно понимала Евангелие и сердце Отца. Я была СОВЕРШЕННО любимым ребенком, который действовал как сирота, просящая объедков. Я не утверждаю, что теперь полностью понимаю Евангелие и сердце Отца... я ЗНАЮ, что мне многому еще нужно научиться! Однако, когда люди надеются получить Божье одобрение, они упускают сердце Евангелия. Как глупо было бы любимому принцу жить сиротой, просящей милостыни! Однако это именно то, что делают большинство христиан в религии.

Иисус пришел, чтобы восстановить ОТНОШЕНИЯ со Своим творением, в то время как религия – это институт, созданный вокруг поддельного евангелия. Религия ОБОЖАЕТ рабский менталитет. Демон религии хочет, чтобы мы оставались как можно более беспомощными, потому что раб – это самое беспомощное состояние человека! Религия как институт предпочитает действовать по-рабски, потому что легче так, чем нести ответственность как сынам Божьим. Будучи рабом, можно свалить всю ответственность и вину на Бога, ведь ты просто раб. Это пассивный и беспомощный образ жизни, однако именно так действует американское христианство: обвиняйте Бога, пытайтесь быть хорошими и ожидайте смерти. Вместо этого мы призваны к зрелости как возлюбленные сыны Божьи, чтобы приносить Небеса на землю.

Говорит ли отец своему ребенку, что ему делать? ДА. Ребенок – раб? НЕТ. Мы БЫЛИ рабами. БЫЛИ. Но КОГО или даже ЧЕГО мы были рабами? ГРЕХА! Мы были названы рабами греха, но сейчас мы сыны Божьи, ЕДИНЫЕ со Христом. Когда ребенок маленький, отец должен обращать внимание на послушание ради благосостояния ребенка. Например, если отец зовет ребенка на улице, его послушание может стать вопросом жизни и смерти. Однако, по мере того как ребенок растет и достигает зрелости, они с отцом могут стать друзьями. С течением времени отец может доверять своему зрелому ребенку все больше и больше ответственности. Яхве делает то же самое с нами: Он создал нас не для того, чтобы быть Его рабами; Он хотел создать СЕМЬЮ. Мы – Его сыновья и наследники. Вот что Яхве хотел для нас. Свободная воля позволяет нам выбирать жизнь в рабстве, даже если мы цари. Но, даже когда мы выбираем рабство, это не меняет и не может изменить нашу подлинную сущность! Иисус приходит к нам на нашем уровне веры и в той мере, в какой мы принимаем Его.

Я вдохновляю вас общаться с Яхве на эту тему. Будьте как дети и задавайте Ему любые вопросы по поводу рабского менталитета, вашей истинной сущности и того, как вам начать процесс достижения зрелости, чтобы научиться править и царствовать с Ним!

Соработничество НЕ работает на основании менталитета «я должен»

> Римлянам 8:1 (Синод.): «Итак, нет ныне <u>никакого осуждения</u> тем, которые во Христе Иисусе…» [Подчеркивание автора.]

> 1-е Коринфянам 10:23 (Синод.): «<u>Все мне позволительно</u>, но не все полезно; все мне позволительно, но не все назидает». [Подчеркивание автора.]

Если все позволительно, и нет НИКАКОГО осуждения, тогда мы поистине свободны делать свой выбор. Если мы свободны во Христе, тогда мысль, что мы должны сделать что-то, – это ложь. «Я должен» ворует наш покой и мир. «Я должен» стыдит и манипулирует нами, чтобы мы делали те «хорошие» вещи, с которыми мы готовы согласиться. Всегда будет что-то, что «я должен» будет велеть нам делать. Мы должны больше помогать, больше молиться, больше делать… список продолжается бесконечно. Вы никогда не достигнете финала и не сможете сделать все, что должны сделать. Вы никогда не сможете сделать достаточно, чтобы избежать давления «я должен». Вы решаете: жить под давлением «я должен» ИЛИ прекратить соглашаться с этой ложью совсем.

Говоря простым языком, «я должен» – это демон! Да, демон, который лжет и ненавидит нас! Время назвать его по имени. Как и всех демонов, духа «я должен» не получится удовлетворить. Цари (те, кем мы являемся) не делают что-то из состояния «я должен». ЦАРИ управляют и царствует со властью. ЦАРИ принимают властные целенаправленные решения по мере своего управления. Откуда мы это знаем? Потому что это делает Иисус! Иисус – ЦАРЬ царей и наш пример. Кроме того, мы уже ЕДИНЫ с Ним! Иисус не поддается манипуляции и давлению духа «я должен»; Он делает властный выбор в любви, без подверженности влиянию духа «я должен» или манипуляции. Вот Кто наш пример.

Все, что мы делаем из согласия с духом «я должен», приносит смерть. Если наша мотивация для какого-то действия основана на согласии с демоном, это всегда будет приносить смерть. Даже если это «хорошая» вещь, все равно с ней придет смерть. Возможно, это будет смерть в вашем сердце, или в сердце другого человека, или смерть в какой-нибудь другой форме: суть в том, что даже «хорошие» вещи, совершенные в партнерстве с демонами, это грех, приносящий смерть. Все потому, что человек действует на основании не того дерева – дерева познания добра и зла. Далее в книге мы будем больше разговаривать про два этих дерева, а пока что просто знайте, что соработничество не связано с духом «я должен». Когда мы делаем что-то из состояния «я должен», это приносит смерть.

Прежде чем двинуться дальше, я хочу обратить ваше внимание, что вы найдете стихи со словами «я должен» в Библии. Задавайте Иисусу вопросы о них и смотрите, что Он говорит о ваших находках! Начиная с того, что это могут быть ошибки в переводе, до того, когда Иисус объясняет сердце автора; я думаю, вы удивитесь тому, что найдете! Я точно удивилась. В моей жизни все поменялось, когда я начала читать Слово ВМЕСТЕ с Иисусом.

ЧТО ТАКОЕ СОРАБОТНИЧЕСТВО

Соработничество – это наша работа ВМЕСТЕ с Иисусом. Все просто. Если делаем что-то из чувства долга или веры, что должны делать это как рабы, тогда мы неправильно поняли Евангелие. Мы приглашены делать то, что видим Отца творящим, так же, как это делал Иисус, потому что любим Его. Другими словами, мы следуем за тем, как Отец ведет нас в танце любви. Этот процесс начинается, когда мы полностью подчиняем каждую сферу своего сердца Отцу. Наша свободная воля никуда не девается, потому что у нас все равно остается возможность выбрать не то, к чему ведет нас Яхве. Однако, когда мы любим и подчиняемся Ему, тогда хотим делать то, что Он говорит.

> Иоанна 14:15 (Дословный перевод ТРТ): «Любовь ко Мне дает вам силы слушаться Моих повелений».

Когда я была подчинена религии, этот стих не имел для меня никакого смысла. Я слышала, как приезжающие проповедники говорят о том, как Божья любовь ведет их, но не могла понять, что это означает. Если я раб, то как любовь может быть фактором послушания? Я знала, что Бог любит этот мир, но думала, что Он очень далеко; однако, когда начались мои личные отношения с Яхве, та самая любовь, которую я неправильно понимала, навсегда изменила мою жизнь. Я начала любить Яхве с всепоглощающим огнем. Он любил меня и стремился ко мне, и я хотела делать то же самое для Него. Его любовь сокрушила, освободила, исцелила и покорила меня. Я начала входить в партнерство с Отцом не из чувства долга, а из любви к Нему. Я хотела выбирать Его вместо своих плотских желаний, понимая, что Он знает лучше. Любовь изменила меня, и теперь я хочу делать все вместе с Ним.

Например, недавно Яхве попросил меня «уйти» вместе с Ним. На тот момент я была посвященным детским пастором: мне нравилась моя жизнь, мне платили за то, что я совершала работу Царства, и я реально приносила пользу. Я уже говорила, что мне нравилась моя жизнь? Мы с мужем вместе совершали пасторское служение, и обе наши дочери всегда были с нами, трудясь рука об руку. Мы были частью прекрасной церковной семьи и были очень благодарны, считая честью находиться там. Именно в этот сезон Яхве пригласил меня «уйти» с Ним. Я знала, что это значит оставить все и всех, кого мы любили, чтобы проводить время с Иисусом. Цена была огромной, однако мое сердце и мое «да» принадлежат Яхве. Я знала, что Иисус приготовил для меня еще больше тайн и прорывов, если последую за Ним. Я могла бы выбрать остаться с детьми в жизни, которую любила. Именно свобода выбора так усложнила принятие этого решения. Иисус бы не разозлился или не разочаровался, если бы я решила остаться: это было приглашение, а не повеление «уйти». Мое сердце болезненно сжималось от перспективы оставить детей и семьи в церкви, но я знала, что иначе откажусь от приглашения Иисуса. Я выбрала довериться Христу и ответить на Его призыв. Я оставила все, что знала и любила, чтобы войти в тайну, которую Он приготовил для меня. Следование водительству Яхве всегда стоит цены нашего послушания.

По мере того как мы исследуем и раскрываем для себя эту любовь, она преображает нашу жизнь. Его совершенная любовь изгоняет страх из наших сердец, и мы растем, чтобы в ответ любить Бога все больше и больше. Быть сыном Божьим не значит слушаться как раб, это, наоборот, означает присоединиться к вечному танцу любви, для которого мы сотворены! Мы используем свою свободную волю, чтобы позволить Яхве быть ведущим в этом танце. Мы становимся соработниками с Яхве на земле, следуя Его водительству. Когда мы трудимся вместе, ЖИЗНЬ высвобождается в нас и на каждого вокруг! Через послушание приходят благословения, но мы слушаемся не для того, чтобы получать их, а потому что нами движет любовь.

Глава третья

ПОЛНОЕ ПОДЧИНЕНИЕ

Полное подчинение: не удерживать ни одну из сфер своего сердца от Иисуса. Ваша боль, прошлое, настоящее, будущее, мечты, желания, травмы и радости – все постоянно возлагается на алтарь перед Ним.

Подчинение может означать поражение или капитуляцию, однако в данном контексте это значит отдавать свою душу Иисусу, вместо того чтобы поддаваться боли и лжи, за которые мы раньше цеплялись. Выбирая подчинить каждую сферу своего сердца, мы пускаемся в путь исцеления и роста в сыновстве. Полностью подчиненное сердце – это необходимое основание для соработничества. Нам не обязательно быть полностью исцеленными, обновленными и ходящими в совершенной зрелости, чтобы работать вместе с Иисусом, НО подчиненное сердце – наш ключ. Это похоже на процесс воспитания: разве родитель ждет, пока его ребенок станет «совершенным», прежде чем позволить ему научиться водить машину? Нет... НО родитель будет ждать, пока его сын или дочь достигнет достаточной зрелости и уровня ответственности, чтобы справиться с машиной. Яхве хочет, чтобы мы достигали зрелости и становились Его партнерами как зрелые сыны Божьи. Яхве дает нам ответственность постепенно, по мере того как мы становимся готовы ее принять. Подчиненное сердце может быть не полностью исцеленным и все еще может сделать неправильный выбор, однако оно желает находиться в партнерстве с Иисусом во всем. Оно как податливая глина, с которой Господь может работать.

В нашей душе все еще может оставаться боль, ложь и обида, однако одновременно мы можем сохранять подчиненное сердце, ВЫБИРАЯ не позволять этим вещам влиять на нас. Взять меня, например: я знаю, что мне еще МНОГОМУ нужно учиться и расти. Я еще не свечусь в преображенном теле – ПОКА. Однако каждый вопрос, каждую ложь, каждую боль, которые всплывают внутри, я кладу на алтарь перед Господом. Все, чего я желаю, – это Иисус. Я окончательно решила, что сатана – это полный отстой, и что я не хочу партнерствовать с ним в чем бы то ни было. Я полностью положила себя на алтарь, чтобы стать такой, как Иисус. Существует бесчисленное количество способов, как можно расти, достигая зрелости в Яхве. Вот почему Евангелие – не про «конечный пункт»: Бог бесконечен и вечен, а значит суть не в том, чтобы «дойти» до какой-то духовной точки, – важно, чтобы наше сердце было полностью подчинено Яхве. Это танец!

Посмотрите на израильтян. Они были Божьими детьми, которые могли видеть Его НЕВЕРОЯТНЫЕ чудеса каждый день. Они 40 ЛЕТ ели пищу с Небес, однако их сердца все равно оставались ожесточенными и обиженными на Яхве. Израильтяне с трудом доверялись Ему, хотя КАЖДЫЙ ДЕНЬ наблюдали невероятные, мощные чудеса. Сегодня многие люди говорят: «Если бы я только увидел чудо, я бы смог Ему доверять». В ходе библейской истории миллионы людей видели ОЩУТИМЫЕ доказательства, однако по большому счету их сердца оставались ожесточенными. Видимые физические доказательства невидимого Бога не приносят преображения душе. Чтобы измениться, мы ДОЛЖНЫ отдать Ему темные, плотские области своей души. Яхве не вынуждает нас к подчинению: нам приходится самим его выбирать. Умение подчинять все – само по себе уже процесс и путь. Вот основные шаги подчинения сфер своей жизни:

- ПРИЗНАТЬ: есть то, что нужно подчинить. Звучит просто, однако на самом деле это большой шаг. Если человек отказывается признавать, что он за что-то держится (или заталкивает поглубже), тогда ему нечего подчинять. Увидеть, что есть нечто, нуждающееся в исцелении, что-то, за что держится ваша плоть, это первый шаг к тому, чтобы это отпустить. Прекрасный способ опознать любую не подчиненную область своей жизни – задать себе вопрос: «Есть ли что-то, влияющее на мир внутри?» или «Есть ли что-то, что крадет мой покой?»

- ВЗЯТЬ ОТВЕТСТВЕННОСТЬ за те вещи, которые вы хотите подчинить. Как только вы признали что-то или решили что-то выбросить, настало время «присвоить» их. Мы берем ответственность за какие-то вещи в своей жизни, чтобы затем подчинить их Иисусу. Как только мы признаем, что они есть, можно разрушать соглашение с той ложью, в которую поверили, и принести все Иисусу. Это может быть контроль, страх, травма, мечты, надежды или что-либо другое, за что держится ваше сердце. После признания важно их «присвоить», чтобы можно было положить это все на алтарь.

- ПОЛОЖИТЬ ЭТО ВСЕ на алтарь и не оглядываться. Иисус пришел, чтобы спасти ВСЕХ нас не только от наших грехов, но еще и от разбитости и рабства в нашей жизни, однако мы решаем, отдать ли ложь, раны и своих идолов в обмен на исцеление, жизнь и целостность! Вначале подчинение кажется чем-то чуждым, потому что это неосязаемая, двоякая позиция сердца. Можно увидеть и почувствовать подушку, когда берете ее и снова кладете на место, но как понять, действительно ли сердце оставило свою боль или ложь? Этот процесс похож на встречу с Господом (инкаунтер), которую мы обсуждали в книге «Основание» (первая книга в данной серии).

Инкаунтер – то, как я выбираю исцелять свои душевные раны и возлагать все перед Господом. Однажды, когда я училась взаимодействовать с Иисусом, Он привел меня в особую комнату во время нашей встречи. Я увидела Отца, стоящего позади большого золотого алтаря. Я знала, что это был мой жертвенник и это безопасное место, где я все могу положить перед Господом. Оно быстро стало для меня любимым местом, потому что в подчинении я обрела свой прорыв. Я клала на этот алтарь мучающих меня демонов, душевные раны, людей, которые нанесли мне боль, и даже саму себя. Чем больше я там оставляла, тем более целостной становилась. Оставляя там различные вещи, я видела, как огонь очищения поднимается из золотых недр жертвенника и сжигает все, что я на него положила. Иногда эти вещи очищались и возвращались обратно ко мне; некоторые из них сгорали дотла – от них не оставалось даже следа, а некоторые – например, потеря моего сына – было слишком больно наблюдать. В этих случаях я оставляла их и уходила куда-нибудь с Иисусом.

Вы можете попросить Иисуса показать вам место подчинения. Это может быть алтарь, а может быть что-то совсем другое. Поскольку я человек-визуал, мне очень важно УВИДЕТЬ во время инкаунтера, что я действительно кладу что-то, однако для того чтобы отдать что-то, находящееся внутри, нам не обязательно видеть это во время инкаунтера. По сути, подчинение сводится к намерению нашего сердца (души). Во время инкаунтера вы можете выбрать положить перед Иисусом какие-то вещи и принять внутреннее решение и не видя, как вы это делаете.

- СОСРЕДОТОЧЬТЕ СВОЙ ВЗГЛЯД И СЕРДЦЕ НА ЯХВЕ. Важно не просто положить перед Ним все, так как это создает пустоту в нашей душе, а важно и заполнять ее Иисусом и Его истиной. Вот почему, разрушая соглашение с ложью, мы заменяем ее истиной: нам необходимо противоядие от лжи, иначе мы просто признаем, что ложь – это яд. Представьте, что душа как недвижимость. Когда ей наносится серьезная рана, сломленность и боль начинают занимать часть территории недвижимости вашей души. Это значит, что боль имеет право голоса касаемо того, как мы воспринимаем и реагируем на происходящее вокруг нас. Если большая часть территории имущества нашего сердца верит в ложь и испытывает боль, тогда из нас будут сочиться только боль и сломленность. Однако, когда большая часть нашего сердца исцелена и верит в истину, мы начинаем действовать на основании своего животворящего духа. Мы перестаем реагировать на окружающий мир и начинаем с властью влиять и изменять мир вокруг нас, чтобы он стал похож на Небеса.

Иисус желает занять ВСЕ пространство недвижимости нашего сердца. Тогда и только тогда вся наша душа будет свободна от смерти и боли. Подчинение жизненно важно для исцеления, однако это также ключ к соработничеству. Если наши сердца в чем-то соглашаются с ложью, а не с Яхве, тогда в тех сферах мы высвобождаем ад на земле. Это отрезвляющее, но истинное заявление. С кем вы соглашаетесь – с истиной Яхве или с ложью сатаны – того вы и будете проявлять из духовного мира. А с кем вы согласны, тому вы выбираете подчиняться. Вам решать: быть руками и ногами страха или любви на этой земле.

Процесс подчинения обычно не бывает однократным. Иногда душа решает не возвращаться и не подбирать оставленную боль или ложь, однако чаще всего она все-таки возвращается обратно. Подсознательно она обладает привычками, и многие из них включают ношение с собой душевных ран. Требуется время, чтобы обновить свой разум и оставаться в согласии (подчиненным Иисусу вместо боли). Это часть процесса, поэтому я предлагаю запастись терпением и благодатью к самому себе, учась расти в сыновстве и подчинении.

ДАЖЕ «ХОРОШИЕ» ВЕЩИ

Поясню: когда я говорю о подчинении всего, я в буквальном смысле имею в виду все! Не только душевные болячки, но и »хорошие« вещи. Все (даже служения и люди), что мы удерживаем от Иисуса, становится идолом в наших сердцах. Христиане часто боготворят свою семью или служение без всякой задней мысли, потому что это же «хорошие» вещи! Чтобы полностью подчинить себя, нужно положить ВСЕ перед Господом. Когда мы подчиняем Ему все, часто приходит мысль, что мы это теряем, однако она далека от истины. У нас ДОБРЫЙ Отец, дающий нам ХОРОШИЕ дары! Все хорошее в нашей жизни возвращается обратно, обычно еще и с приобретением вечной точки зрения Царства.

КАЖДЫЙ день, когда мы с моим будущим мужем встречались, я возлагала его на алтарь. Я не хотела быть ослепленной любовью и упустить то, что говорит Иисус. Он первым захватил мое сердце, и Ему принадлежало мое вечное «да». Каждый раз, когда я возлагала своего парня (который затем стал моим женихом) на жертвенник, Иисус возвращал его обратно. Даже утром, в день своей свадьбы, я снова отдала его Иисусу, чтобы убедиться, что я нахожусь в воле Божьей. И снова Он отдал его мне обратно. Долгожданное время наконец наступило, и позже в тот день мы поженились! Мой муж принадлежал мне: я успокоилась. Затем, на следующее утро, Иисус спросил меня, положу ли я своего мужа на алтарь? Мое сердце наполнилось смущением, затем страхом, а потом и злостью. Он был МОИМ мужем. Иисус СКАЗАЛ, что я могу выйти за него замуж. Мне больше не нужно было его отдавать – мы с ним были едины в завете пред Иисусом. Зачем тогда мне нужно было опять возлагать своего мужа на алтарь после того, как мы поженились? Когда вихрь эмоций стих, я с неохотой послушно возложила своего мужа на алтарь. Иисус улыбнулся и отдал его мне обратно, как раньше. Тогда-то Он и объяснил, что, для того чтобы мне быть целостной и здоровой, каждая сфера моей жизни должна быть возложена на жертвенник. Все, даже «хорошие» вещи, которые мы удерживаем от Бога, может стать идолом или примешать к себе ложь (например, страх). Тогда я только начала учиться тому, как выглядит жизнь в полном подчинении.

Часто нас ослепляет какая-то ложь или страх, потому что они всегда были там. Когда мы кладем все на алтарь перед Иисусом, Он просеивает это и убирает всякую примесь нечистоты, страха и лжи. Поначалу вам может быть болезненно и страшно возлагать все на алтарь, однако вы обнаружите, что Иисус БЛАГ, и Он дает ХОРОШИЕ дары. Ему можно доверить самые драгоценные и самые болезненные для нас вещи. Господь ищет верующих, которые полностью подчинятся Яхве. Подчинение – это дверь к исцелению, зрелости, соработничеству и многим тайнам Отца. Захотите ли вы пройти через это или подчинитесь лишь отчасти?

Глава четвертая

ДВА ДЕРЕВА

Бытие 2:8-9 (Синод.): «И насадил ГОСПОДЬ Бог рай в Едеме на востоке, и поместил там человека, которого создал. И произрастил ГОСПОДЬ Бог из земли всякое дерево, приятное на вид и хорошее для пищи, и дерево жизни посреди рая, и дерево познания добра и зла».

Яхве сотворил сад и назвал его «удовольствие» (Эдем). Затем Он поместил Адама и Еву – детей, созданных по Его собственному образу, – в это место удовольствия, где Небеса и земля были едины. Оттуда Его дети могли расти в зрелости сынов Божьих, преобразовывая после этого всю землю, чтобы она выглядела как Эдем. В Эдемском саду было много деревьев, однако два из них выделялись среди прочих: дерево жизни и древо познания добра и зла. Дерево жизни было ощутимым проявлением нашей свободы выбрать вечную жизнь Иисуса; дерево познания, напротив, было физическим отображением нашей свободы НЕ избирать вечную жизнь. Яхве пригласил Адама и Еву съесть от дерева жизни так же, как Иисус призывает нас «есть Его плоть и пить Его кровь» (помните, Иисус – Хлеб жизни). Яхве желает, чтобы мы были ЕДИНЫ с Ним, соглашались с Ним и были Его частью. Адаму и Еве разрешалось есть от любого дерева в саду, КРОМЕ дерева познания добра и зла.

Бытие 2:16-17 (Синод.): «И заповедал Господь Бог человеку, говоря: от всякого дерева в саду ты будешь есть, а от дерева познания добра и зла, не ешь от него; ибо в день, в который ты вкусишь от него, смертью умрешь».

Яхве всегда хотел семью: Ему не нужны роботы или рабы, поэтому Он даровал Своим детям дар свободной воли. Это был единственный способ создать детей, а не роботов. Все, что делает Яхве, укоренено в любви, отношениях и семье, вот почему должно было существовать запрещенное дерево в саду. Чтобы иметь свободу выбора, Адам и Ева должны были иметь доступ к другому дереву. Если они не хотели есть от Самого Яхве – дерева жизни – у них была возможность выбрать что-то еще. Вот почему должно было быть два варианта – чтобы сохранить свободную волю и в конечном итоге сохранить любовь.

> Бытие 3:1-5 (Синод.): «Змей был хитрее всех зверей полевых, которых создал Господь Бог. И сказал змей жене: подлинно ли сказал Бог: «не ешьте ни от какого дерева в раю?» И сказала жена змею: плоды с дерев мы можем есть, только плодов дерева, которое среди рая, сказал Бог, не ешьте их и не прикасайтесь к ним, чтобы вам не умереть. И сказал змей жене: нет, не умрете, но знает Бог, что в день, в который вы вкусите их, откроются глаза ваши, и вы будете, как боги, знающие добро и зло».

Ева не была укоренена в благости Яхве и своей собственной сущности, поэтому змею удалось «продать» ей ложь, что она может стать подобной Богу, если съест запретный плод. Однако в действительности она уже была подобна Ему! И она, и Адам были единственными существами во всем творении, созданными по образу Самого Яхве. Ева поверила в ложь, и сделала то, что было в ее в силах, пытаясь достичь того, что уже имела. Ева могла бы принести эту ложь Яхве и спросить Его об этом. Быть искушаемым или задавать вопросы о том, что нам сказали, это не грех. Это становится грехом (отделением от Яхве) в тот момент, когда мы СОГЛАШАЕМСЯ с ложью. Ева согласилась с ложью и на ее основании совершила действие – выбрала древо познания; однако не судите ее поспешно: мы делаем то же самое.

Сегодня нам предоставлен тот же выбор, что Адаму и Еве. Большинство из нас ВСЕ ЕЩЕ выбирает древо познания в своих сердцах. Израильтяне использовали познание добра и зла, чтобы самим судить, могут ли они взять Землю обетованную. Они не доверяли Яхве и Его обещаниям, съели от неправильного дерева, и из-за этого не получили разрешение войти в Землю обетованную. Вот что сказал им Яхве:

> Второзаконие 1:39 (Синод.): «Дети ваши, о которых вы говорили, что они достанутся в добычу врагам, и сыновья ваши, <u>которые не знают ныне ни добра, ни зла,</u> они войдут туда, им дам ее, и они овладеют ею». [Подчеркивание автора.]

Итак, ЧТО же такое дерево жизни? И ЧТО такое древо познания? В Эдемском саду дерево жизни было осязаемым проявлением нашего выбора в пользу Яхве и Его вечной жизни. С другой стороны, древо познания было осязаемым проявлением того, когда мы не выбираем Яхве, а делаем что-либо на основании собственной силы, попыток и отделения. Сегодня эти деревья перестали быть осязаемыми вещами, однако намерение и выбор нашей души влияет на нас так же, как выбор Адама и Евы повлиял на них. Если Яхве – источник и опора всей жизни, тогда, совершая выбор не в Его пользу, мы автоматически избираем смерть. Мы решаем, от какого дерева (или источника) будем есть (соглашаться с): Истины или лжи. Другими словами, мы либо делаем все с Яхве, либо своими собственными стараниями. Рассмотрим несколько примеров обоих деревьев:

<u>Перспектива дерева ЖИЗНИ:</u>

- Мы живем как ОДНО с Яхве, причем для нас

НЕВОЗМОЖНО какое-либо отделение от Него.

- Мы находимся в покое, потому что нам уже дано все необходимое (исцеление, обеспечение, мудрость и так далее).

- Мы просто можем быть и для нас больше не существует осуждения – только ЖИЗНЬ.

- Закон был исполнен во Христе, остается только ЖИЗНЬ, прямо как в Эдемском саду.

- Мы делаем все как цари, делая властный, целенаправленный выбор, как это делает Яхве.

<u>Перспектива дерева ПОЗНАНИЯ:</u>

- Несмотря на убеждение, что Его святость недостижима, мы живем, пытаясь угодить Богу, чтобы сократить необъятную пропасть отделения от Него.

- Мы стараемся обеспечить себя или сделать достаточно, чтобы Бог позаботился о нас.

- Нам постоянно нужно что-то делать, и над нами всегда нависает осуждение, потому что наших действий никогда не бывает достаточно.

- Закон все еще есть, даже для христиан, но мы не способны его исполнить.

- Мы живем под давлением «я должен», делая реакционный выбор, основанный на беспомощности.

Чтобы быть соработниками Бога, важно понимать, на основании какого дерева мы живем. Живем ли мы на основании своего познания добра и зла? Или мы живем на основании жизни? Мы не можем сотрудничать с Богом и есть от дерева познания, так как это неправильное дерево для жизни, однако большинство из нас пытаются использовать его для достижения религиозных целей… которые мы выдумываем! Как и Ева, мы не верим, что уже «достигли»; что для нас все действительно свершилось; что мы спасены, исцелены, посажены, едины со Христом, и Яхве доволен нами целиком и полностью. Нет ничего, что мы можем сделать, чтобы изменить свое положение перед Богом. Мы не можем заставить Его любить нас больше или меньше, чем уже есть. «Свершилось!»

Хочу быть предельно ясной: дерево познания приносит смерть, поэтому все, что мы ДЕЛАЕМ на основании своего «знания добра и зла», так же приносит смерть. Нас приводит в замешательство мысль, что хорошие действия могут принести смерть. Как можно ошибаться, делая что-то хорошее? Все, хорошее или плохое, что мы делаем на основании своего познания добра и зла, делается в отделении от Яхве. Например, если я выбираю служение, потому что пытаюсь быть хорошей христианкой, я упускаю Евангелие и сердце Яхве для меня. В этом примере я действую из своих попыток, вместо того чтобы действовать на основании своей сущности и отношений с Яхве. Хотя мои действия могут выглядеть хорошо, мое сердце извращено и разбито, потому что оно соглашается с ложью. Люди смотрят на внешнее, а Бог взирает на сердце. Согласие с Истиной, выбор дерева жизни – единственный способ иметь ЖИЗНЬ. Вот почему, когда мы делаем «хорошие» вещи, соглашаясь с «я должен», это приносит смерть.

Последняя вещь, на которую хотелось бы обратить внимание в отношении двух деревьев: Яхве ничего не удерживает от нас, говоря не есть плода от дерева познания. Дерево познания – это наша проявленная возможность НЕ избирать Яхве. Это наш вариант использовать свои собственные способности, пытаясь сделать что-то отдельно от Бога. Дерево познания существует, чтобы сохранить наш дар свободной воли. Видите ли, само по себе познание не является чем-то неправильным: Бог хочет, чтобы мы были мудрыми и зрелыми. Он даже дал нам Помощника, Который знает все!

Иоанна 14:26 (Дословный перевод ESV):

«Помощник же, Дух Святый, Которого пошлет Отец во имя Мое, <u>научит вас всему</u> и напомнит вам все, что Я говорил вам». [Подчеркивание автора.]

Иисус благ. Все, что Он делает, – хорошо. Мы можем этого не понимать, но при этом быть в этом уверены. Если Яхве говорит нам что-то, мы можем доверять Ему, потому что Он и ЕСТЬ Истина, и Он ЕСТЬ Сама Жизнь. Если мы слышим что-то непонятное или противоречащее словам Иисуса, нужно просто принести это Ему! Все было бы совершенно иначе, если бы мы просто приносили все к Иисусу!

Откровение 2:7 (Синод.): «Имеющий ухо да слышит, что Дух говорит церквам: побеждающему [мир через веру, что Иисус – Сын Божий] дам [привилегию] вкушать [плод] от древа жизни, которое посреди рая Божия».

Глава пятая

СО-ПРАВЛЕНИЕ

ПОСЛЕДНЕЕ «СО-СЫНОВСТВА»

2-е Тимофею 2:12 (Синод.): «Если терпим, то с Ним и царствовать будем…»

Откровение 5:10 (Дословный перевод NLT): «И соделал их Царством священников Богу нашему; и они будут царствовать на земле».

Со-правление? Какая разница между соработничеством и со-правлением? Ну, оба слова – это «со-слова», поэтому и то, и другое мы делаем ВМЕСТЕ с Иисусом, однако между ними есть небольшая разница: соработничество – это партнерство с Богом на земле; а со-правление – это партнерство Бога с нами. Будучи соработниками, мы приходим в гармонию с Яхве, когда Он ведет нас в танце любви, и тогда мы используем свою свободную волю, чтобы быть Его партнерами. Со-правление – это когда Яхве доверяет нам немного повести в этом танце!

По мере нашего роста и созревания Отец может доверять нам все больше власти и ответственности. Чем больше зрелости мы достигаем, тем больше Отец начинает спрашивать нашего мнения в отношении вещей, происходящих на земле. Мы приходим в изумление и смирение, когда осознаем, что ВСЕВЕДУЩИЙ и ВСЕМОГУЩИЙ ЯХВЕ предлагает нам возможность провозглашать какие-то вещи!

Помните, я рассказывала вам историю про то, как Иисус пригласил меня уехать с Ним? То, что я выбрала сказать «да» и последовать за Иисусом, было соработничеством. Однако на этом история не заканчивается; когда я сказала Иисусу свое: «Да, я пойду за Тобой», Иисус улыбнулся и ответил: «Великолепно! Куда бы ты хотела уехать?» Я была В ШОКЕ. Он просил меня уехать с Ним, но не дал мне направление?! Я раньше уже сотрудничала с Богом, но это было абсолютно по-другому. Я ежедневно сотрудничала в служении: трудилась с Господом и находила решения тем проблемам, с которыми мы сталкивались. Однако теперь Он просил меня решить, куда я бы хотела перевезти свою семью? Я не знала, где может быть наилучшее место! Как я могла принять наилучшее решение для своей семьи, не имея совершенного знания или вечной перспективы, как у Иисуса? Я хотела, чтобы Он СКАЗАЛ мне, куда идти; я хотела быть управляемой; я хотела получить направление; я не хотела быть ответственной за принятие такого важного решения, потому что боялась неправильно выбрать. Это было по меньшей мере мучительно! На меня накатил страх неудачи, и я использовала древо познания добра и зла, чтобы попытаться понять, что делать. Я использовала неправильное дерево! Иисус направлял меня в путешествие, где я училась жить от дерева жизни!

Процесс принятия решения, куда перевезти свою семью, растягивал мои границы! Чем больше я спрашивала Иисуса про разные места, тем больше понимала, что неважно, какое место я выберу! Иисус снова и снова говорил мне, что куда бы я ни решила переехать, Он в этом месте будет все творить мне во благо! Это была успокаивающая мысль, но я все еще ощущала, как будто это выше моего понимания. Мои родители, брат и бабушка с дедушкой тогда решили присоединиться к нам в этом путешествии. Теперь этому призванию следовало еще больше человек, что увеличивало страх неудачи, с которым я боролась. Мы просмотрели тысячи домов во многих штатах, но НИ ОДИН из них не был тем, что мы хотели. Ни один из домов не заставил Небеса открыться, чтобы Господь сказал: «ВОТ ЭТО тот самый». О каждом доме, который мы рассматривали, Яхве спрашивал:

«Вы этот дом хотите?» Этот процесс приводил меня в состояние невероятной фрустрации, однако я так многому научилась и так сильно выросла в этот период.

Через девять месяцев поисков дома, после того как наше тогдашнее жилище было продано и контракт ПОДПИСАН, мы наконец-то нашли место, которое понравилось нам всем девятерым. НИ ОДИН из нас до этого не был в этом штате, но я была уверена, что Яхве все устроит. Догадайтесь, что? Все ДЕЙСТВИТЕЛЬНО устроилось! Было ли это сложно? НЕВЕРОЯТНО. Переезд был в 10 раз сложнее, чем я ожидала, но Яхве был и остается очень верным; Он шел с нами на протяжении каждого сложного шага. Со-правление растягивало меня, потому что я просто хотела быть рабом. И в ходе этого переезда я увидела, насколько Иисус ВЕЛИК, чтобы ВСЕ устроить. Как только мы выбрали дом, Бог начал свивать Свою совершенно волю вокруг того места, которое мы выбрали!

Со-правление с Яхве изменило мои отношения с Ним. Я увидела другую сторону Его сердца и еще раз убедилась, насколько Он удивителен! Он хотел быть МОИМ партнером в моих выборах. Я чувствовала смирение, удивление, восхищение и еще большую любовь к Нему, по мере того как Он учил меня все больше и больше о том, как править.

ПРАКТИЧЕСКИЕ ШАГИ

Теперь перейдем к практическому применению. Как понять, когда время со-правления, а когда момент следовать за водительством Яхве? И затем – как мне вести себя при со-правлении? Начинается все с подчинения наших сердец, когда мы все приносим к Иисусу. Это могут быть вопросы типа: «Что мне делать с моей жизнью?», «Что мне сделать в этой ситуации?» или «Как мне вести себя в этих отношениях?» После того как мы приносим вопрос или ситуацию в нашем сердце к Иисусу, Он может ответить по-разному. Его ответ на ваш вопрос покажет, куда Он ведет вас. Ниже приведены некоторые примеры самых распространенных ответов.

Когда вы спрашиваете Иисуса, что делать, Он иногда:

- Отвечает вам напрямую

  - «Да», «Нет», «Подожди», «Иди туда» или «Скажи это». Когда Иисус отвечает вам напрямую, это значит, что Он ведет вас в танце любви. Это время сотрудничать с Богом. У вас остается свобода воли решить делать то, что вам хочется, так что для вас не остается осуждения, и вы свободны выбирать. Однако существуют последствия, когда мы решаем отстраниться от Яхве и делать все по-своему. Любое отделение или непослушание, которые мы выбираем, всегда приносит смерть в том или ином виде. С другой стороны, мы можем выбрать довериться и следовать водительству Иисуса в этом танце.

- Задает вам провоцирующий вопрос

  Иисус может спросить у вас что-то типа: «Как, по-твоему, они себя чувствуют сейчас?» или «Как это выглядит с перспективы вечности?» Вопросы, провоцирующие на размышления, нацелены на то, чтобы мы начали думать по-другому. Иисус постоянно призывает нас выше: чем больше мы размышляем, с точки зрения Небес, тем больше мы их высвобождаем. У Иисуса есть ответ на тот вопрос, который вы Ему принесли, я вам даже могу дать гарантию, что у Него есть великолепный ответ! Поэтому, если Иисус не отвечает вам, значит Он хочет, чтобы вы сначала что-то проработали в своем сердце. Выбирая положиться на то, что говорит Иисус, вместо того чтобы разочароваться из-за отсутствия ответа с Его стороны, мы переживаем чудесные моменты прорыва и исцеления.

  Мой любимый вопрос Иисуса, провоцирующий на

размышления: «Ты Мне доверяешь?» Это один из самых разочаровывающих ответов, однако Иисус пытается открыть нам что-то о наших сердцах. Например, когда я впервые вступила в личные отношения с Иисусом, первое, что говорил мне Иисус НА КАЖДОЙ ВСТРЕЧЕ, было: «Я люблю тебя». Он говорил это снова и снова, день за днем, и это продолжалось годами. Я всегда улыбалась и отвечала: «Знаю. Я тоже Тебя люблю». Наконец, однажды, придя на встречу, я не услышала слов Иисуса о Его любви ко мне. Я была в шоке! Я сказала, возмутившись: «Эй! Ты не сказал мне сперва, что любишь меня!» Иисус улыбнулся и рассмеялся, сказав: «Да, Джессика, потому что ты наконец-то поверила Мне. Ты по-настоящему веришь, что Я люблю тебя, поэтому мне не нужно больше начинать каждый разговор с этой фразы». Мне было забавно и смешно думать, что понадобились ГОДЫ, когда Иисус говорил мне КАЖДЫЙ ДЕНЬ, что Он любит меня. Я отмахивалась от этого, не осознавая на тот момент, что у Иисуса есть цель для каждого слова и вопроса. Поэтому, если Иисус спрашивает: «Ты Мне доверяешь?», обратите внимание, что Он делает на самом деле! Иисус приглашает вас на более глубокий уровень доверия Ему, обнажая ту сферу вашего сердца, которая еще не доверяет Ему и Его благости.

- Спрашивает вас, что вы хотите

  - ЭТО время, когда мы можем со-управлять с Иисусом! Если Иисус спрашивает: «Что ты хочешь делать?», значит настало время, когда мы можем добавлять свое собственное мнение и вкус. Другими словами можно объяснить это на примере отношений между родителями и ребенком. Я хочу, чтобы мои дети выросли и достигли зрелости как здоровые, функционирующие взрослые! Я не хочу, чтобы мои дети знали только, как слушаться меня, – они не мои слуги. Я хочу, чтобы ОНИ были свободны следовать за тем, что зажигает в них страсть, и входили в свою судьбу.

Точно так же Яхве хочет, чтобы мы росли и достигали зрелости. Помните, что, с точки зрения Бога, отношения и семья находятся в центре. Когда Иисус становится Партнером в нашем выборе, это УДИВИТЕЛЬНО, потому что Он вплетает Свою благость во все, что мы выбираем! Это как если бы вы выбирали краску для комнаты. Так или иначе Яхве использует эту комнату для чего-то хорошего, вне зависимости от цвета, который мы выберем для стен! Вот что случилось, когда Иисус спросил у меня, куда бы я хотела перевезти свою семью. Было неважно, что я выберу, Яхве в любом случае вплетал Свою волю в мой выбор. Это и есть со-управление!

Когда мы становимся на позицию соуправления с Иисусом, это обычно вызывает сильное напряжение в нашей душе. Концепт соуправления легко понять, но, когда вы начинаете в нем ходить, возникает разного рода страх. Обычно самым большим оказывается страх неудачи. Как можно сделать правильный выбор, когда мы не такие всевидящие и всеведущие, как Яхве? ЭТО и есть доказательство того, что мы вкушаем от неправильного дерева! Мы используем свое знание, чтобы судить, что хорошо и плохо для нас. Это дерево приносит смерть, и все, что мы делаем на его основании, будет запятнано смертью. Партнерство со страхом приносит смерть. Страх неудачи, страх подвести Бога и страх сделать неправильный выбор – все это приносит нам смерть.

На данный момент моим самым устрашающим видением был урок о соуправлении. Я очень сильно переживала за переезд и была сильно напряжена, пытаясь найти «правильное» место для дальнейшей жизни. Иисус сказал мне переехать, но попросил выбрать место самой. На тот момент мне это жутко не нравилось, но сейчас я испытываю невероятную благодарность за этот урок. Вот видение, которое у меня было во время инкаунтера с моим другом:

Во время инкаунтера я находилась в круглом манеже (как тот, в который помещают лошадь для тренировки). Иисус показал мне дверь, с помощью которой можно было выбраться из манежа. Она выходила на поле, простирающееся настолько, насколько видел глаз. Я моментально поняла, что все цветы на поле означают мой возможный выбор. Иисус приглашал меня выйти из манежа, представлявшего мой рабский менталитет, потому что Ему не хотелось, чтобы я жила в заточении и ограничении, слушаясь лишь Его команд. Бог приглашал меня присоединиться к Нему в поле, чтобы управлять вместе с Ним в безграничных возможностях!

Вместо того чтобы обрадоваться, я пришла в ужас... да, в УЖАС. Я была настолько напугана, что мое физическое тело начало трясти – не от присутствия Иисуса, а от страха (позднее я поняла, что на самом деле мне не было страшно. Я просто согласилась со страхом неудачи, а дух страха был напуган! Страх неудачи трясся от макушки до пят, потому что его обнаружили и были готовы выгнать! Поэтому ужас, который я ощущала внутри, происходил не от меня, а от того, с кем я согласилась!) Меня очень устрашала перспектива этой невероятной свободы выбора, но затем я осознала, что мне всегда хотелось быть свободной. Я начала громко смеяться, потому что меня рассмешил этот страх свободы. Не правда ли, это весьма иронично и глупо? Однако Иисус стоял там, улыбаясь мне. Он видел вихрь, в котором я находилась, и Его глаза пронзали мое сердце. Я знала, что все будет в порядке. Было неважно, какой выбор я сделаю, потому что ОН будет со мной.

В тот момент я начала понимать, что место, которое я выберу, не столь важно: мое сердце было отдано Яхве, поэтому любой мой выбор будет наполнен жизнью. Яхве весьма благ, и Он достаточно достаточно велик, чтобы наш выбор в соуправлении соответствовал Его совершенной воле! Мой страх перед выбором дома растворился. Куда бы я ни решила переехать, все будет хорошо. И, как думаете, что произошло? ВСЕ СЛОЖИЛОСЬ! Переезд дался нам невероятно сложно – в 10 раз сложнее, чем я предполагала. Это было ТРУДНО. Было очевидно, что Бог был во всем этом, однако одновременно возникали проблемы и с переездом, и с домом. Мы не нашли место, которое бы имело все, что мы хотели, однако мы выбрали дом, и Яхве построил Свои планы вокруг него! Было несколько пророчеств, данных за два-три ГОДА до этого, которые Бог исполнил в месте… которое я выбрала! У меня просто в голове это не укладывалось, хотя одновременно я отмахивалась типа: «Ну, конечно, Иисус может спокойно туда вплести давнишние пророчества». Он реально велик и реально благ.

Если бы мы выбрали другое место, Иисус и там бы показал Свою благость. Бог позволяет нам иногда вести в нашем вечном танце любви. Он настолько велик, что Ему не сложно все устроить для нас, куда бы мы ни повернули в этом танце. Как только наше сердце приходит в состояние подчинения, мы начинаем путь становления такими, как Иисус. Чем больше мы выглядим и действуем, как Иисус, тем больше Яхве может доверить нам соуправление вместе с Ним, потому что мы делаем тот выбор, который сделал бы Он. Иногда Бог ведет нас в танце, а иногда Он позволяет вести нам. Так или иначе, мы соединены воедино в блаженстве, а это бесценно!

Я всего лишь коснулась поверхности этих «со-стихов»: в них гораздо больше всего, что можно исследовать и узнать, особенно о со-работничестве и со-правлении. Если не приносить все, что мы узнали, к Иисусу, информация и учение только усилят древо ПОЗНАНИЯ. Слова на странице не могут достичь вашей души – это может сделать только Иисус. Поэтому, пожалуйста, приносите Ему все, что узнаете.

Псалом 33:9 (Дословный перевод ТРТ): «Пейте глубоко от удовольствий этого Бога. Познайте сами радостную милость, которую Он дает всем, кто укрывается в Нем».

Глава шестая

ОСНОВЫ ОТНОШЕНИЙ

Отчасти возрастание в сыновстве – это умение относиться к Земле с позиции сына. Практически все, чему мы были научены в сфере отношений и того, КАК относиться к людям, было так или иначе искажено. Большинство людей, включая христиан, взаимодействуют с окружающими на основании сломанной системы. Однако, если мы готовы уничтожить старое мировоззрение, Иисус может построить основание Царства в наших сердцах. Если мы смирим себя на этом пути, то будем продолжать расти и учиться большему, чем мы могли себе когда-либо представить. Чем больше мы открываемся, чтобы заново всему учиться, тем свободнее становимся. Поэтому если вы готовы принимать, остальная часть данной книги реструктуризирует ваши прежние познания и откроет Иисусу дверь, чтобы Он научил вас относиться к людям с позиции сына.

Сперва мы обсудим сферу отношений в целом. ВСЕ на земле имеют те или иные отношения с другими людьми – со всеми, с кем взаимодействуют. Даже незнакомцы получают

долю того, что у нас внутри, просто проходя мимо, так что чтобы начать разбирать основы отношений, нужно будет охватить две группы людей: вас и всех остальных.

Чтобы начать понимать отношения с позиции сынов Божьих, сначала нужно обсудить некоторые основы. Кто вы? Кто они? И каковы ваши отношения с каждым человеком? Звучит весьма просто, ОДНАКО на самом деле полезно разбить это все по пунктам, чтобы оттуда начать что-то выстраивать.

КТО ВЫ?

 Во второй главе книги «Основание» мы детально обсуждали вопрос «Кто мы такие?» В общем, мы – сыны Божьи. Мы были людьми, а затем, в момент избрания Иисуса, стали совершенно новым творением. Мы посажены на Небесах и едины с Самим Христом. Мы стали мостом между Небом и землей. Поскольку мы едины с Иисусом, мы становимся осязаемым воплощением Любви. Мы – обеспечение с Небес на землю; соль и свет.

Будучи сынами Божьими, мы получаем Небесную поддержку и обеспечение: все, что нам нужно, было оплачено и дано во Христе. Это значит, что у нас больше нет никаких нужд на земле, потому что только в Иисусе может быть восполнено все, что нам нужно. Любая нужда, которую мы пытаемся восполнить на земле, не будет нас удовлетворять, потому что предполагается, что Яхве – наш Источник жизни. Почти ни один верующий на планете не ходит в этой реальности, но она нам доступна:

> Филиппийцам 4:19 (Дословный перевод ТРТ): «Я убежден, что <u>мой Бог восполнит каждую вашу нужду</u>, потому что я видел изобильные богатства славы, открытые мне через Иисуса Христа». [Подчеркивание автора.]

> Псалом 22:1 (Дословный перевод ТРТ):

«Яхве – мой лучший друг и мой пастырь. У меня всегда будет больше, чем достаточно». [Подчеркивание автора.]

Деяния 17:24-25 (Синод.): «Бог, сотворивший мир и все, что в нем, Он, будучи Господом неба и земли, не в рукотворенных храмах живет и не требует служения рук человеческих, как бы имеющий в чем-либо нужду, Сам давая всему жизнь и дыхание и все». [Подчеркивание автора.]

Яхве МОЖЕТ полностью удовлетворить нас: в Небесах всегда больше, чем достаточно. Нам было дано все, что нужно, потому что мы едины с Самой Жизнью, и хотя это истина, наша душа все еще обладает свободной волей после того, как мы становимся одним с Иисусом. Душа – та часть, которая определяет вашу жизнь и создает реальность, в которой вы живете... настоящую или поддельную. Пока человек не осознает реальность духовного мира, его душа и тело могут испытывать только жизнь на земле, так как не обладают пониманием системы жизнеобеспечения с Небес. Возможно ли, чтобы все нужды были восполнены в Иисусе? Абсолютно! Однако потребуется время и практика, чтобы приучить тело и душу получать восполнение всего в Нем. Далее мы еще обсудим, КАК иметь жизнеобеспечение во Христе, а пока я всего лишь доношу до вас то, что это возможно.

Обсуждая вопрос «Кто вы?», я хочу коснуться некоторых вещей:

- Одно из важных отношений для обсуждения – это отношение к себе. Мы живем с собой каждый... Божий... день. Невозможно сбежать или взять от себя перерыв. Большинство живет всю жизнь с УЖАСНЫМ отношением к себе. Вдобавок, большая часть людей никогда не станет относиться к кому-то другому так же плохо, как к себе самим. Больше узнавая и возрастая в сыновстве, нам также важно понять, как относиться К СЕБЕ правильным, здоровым образом. Мы и ЕСТЬ руки и ноги Христа на земле… даже для себя самих. Относиться к себе так, как Христос относится к нам, – весьма динамичная часть перестройки нашего основания. Я вдохновляю вас спросить у Иисуса, что Он о вас думает и как к вам относится… а затем начать обращаться с собой так же! Соглашаясь с отчаянием, злостью, разочарованием или любой другой, несущей смерть эмоцией, мы только затормаживаем свой рост. В партнерстве со смертью нет никакой жизни, особенно по отношению к себе самим. Вместо этого я вдохновляю вас являть себе такую же ЛЮБОВЬ и БЛАГОДАТЬ, какую показывает нам Иисус.

- Многие христиане зациклены на пятигранном служении. Они вешают на людей ярлыки, проходят онлайн-тесты, чтобы понять, к какому из пяти типов они относятся: апостолам, пророкам, учителям, пасторам или евангелистам. Пятигранное служение имеет одну задачу: взращивать Тело Христово в сыновстве. Пятигранная система не была конечной точкой, или вашей вечной судьбой – она всегда была и будет направлена на сыновство.

  > Ефесянам 4:11-13 (Синод.): «И Он поставил одних Апостолами, других – пророками, иных – Евангелистами, иных – пастырями и учителями, к совершению святых, на дело служения, для созидания Тела Христова, доколе все придем в единство веры и познания Сына Божия, в мужа совершенного, в меру полного возраста Христова». [Подчеркивание автора.]

- Последнее: мы ВСЕ начинаем с младенчества во Христе. Все, чему учит данная серия книг, потребует ВРЕМЕНИ. Нужно ВРЕМЯ, чтобы младенец вырос и повзрослел. Также требуется ВРЕМЯ, чтобы наша душа возросла и достигла зрелости во Христе. Например, чтобы научиться получать все необходимое для жизни только в Иисусе, потребуется много ВРЕМЕНИ. То, что младенец видит, как кто-то ходит, не значит, что он сразу или быстро поймет, как это делать. Яхве находится вне времени; Он не спешит. Технически МЫ тоже отчасти находимся вне времени! Поэтому не падайте духом и не отчаивайтесь: вещи, описанные в данной книге, – не список задач, а всего лишь кусочек на пробу, чтобы возбудить в вас большую жажду по Богу.

В общем, СЫНОВСТВО – это наша сущность, а зрелость – это наша судьба. Наша сущность во Христе как сынов Божьих стоит на первом месте, и она очень важна. Сыновство – это наша вечная судьба. Мы – сыны Божьи на земле и во всех взаимоотношениях. Наша сущность не меняется от одних отношений к другим. Вот кто вы есть, и чем больше вы это принимаете, тем больше это будет преображать вас и все ваши отношения.

КТО ОНИ?

Они могут быть кем угодно: незнакомцем, коллегой, другом, супругом… они могут значить для вас все или ничего, но ВСЕ они в некотором роде одинаковы – мы  все сотворены по образу Яхве – 8 000 000 000 различных отображений Иисуса на земле.

Колоссянам 1:15-17 (Дословный перевод BSB): «Сын есть образ Бога невидимого, первенец из всякого творения; ибо в Нем создано все, что́ на небесах и что́ на земле, видимое и невидимое: престолы ли, господства ли, начальства ли, власти ли, – все Им и для Него создано; и Он есть прежде всего, и <u>все в Нем стои́т</u>». [Подчеркивание автора.]

Каждый человек, даже сатанисты, сотворен по образу Божьему и существует Им. Христос находится в глазах всех, кого вы видите. Осознают они или нет, но каждый человек создан Яхве; каждый обладает ценностью, потому что Иисус вложил ее во всех. Все: взрослые и дети, бедные и богатые, здоровые и больные – каждый из нас возлюблен Яхве. Люди могут прожить всю свою жизнь потерянными и сломленными, но Иисус все равно любит их, борется за них и верит в них. Почтение и любовь принадлежат каждому человеку за ту часть Бога, которую они носят в себе вне зависимости от того, что они делают со своей жизнью.

В нашем доме мы не используем понятие «плохой человек». Я хочу, чтобы мои дети видели ценность и реальность каждого человека. Яхве не создает «плохих» людей: Он создает только ХОРОШЕЕ, потому что Он ХОРОШИЙ. Все люди были сотворены «хорошими», но их душа имеет свободу воли выбирать зло и боль. Говоря о «негодяях», в нашем доме мы используем фразу «тот, кто еще не знает Иисуса». Это напоминает нашей семье, что «негодяи» по-настоящему просто сломанные и потерянные души, отчаянно нуждающиеся в Спасителе. Как сынам Божьим нам важно считать всех достойными любви, даже «негодяев».

Есть одно свидетельство служения «Iris Ministries» в Индии, где миссионеры молились за одного из самых крупных сутенеров. Вместо того, чтобы демонизировать его за те УЖАСНЫЕ вещи, которые делал этот человек, они видели его потерянным Божьим ребенком. Миссионеры посчитали этого сутенера «достойным любви» и боролись за его спасение. Наконец, пришло время, и они встретились с этим устрашающим, но сломленным человеком. Угадайте, что произошло? ОН ПОЛУЧИЛ СПАСЕНИЕ! За устрашающим видом и репутацией стоял потерянный и страдающий ребенок Божий. Он был создан для Любви и выбрал отдать все ради Любви. Благодаря спасению бывшего сутенера произошла радикальная перемена во всем регионе! Девушки получили свободу, дома секс-торговли превратились в дома для помощи девушкам, МНОЖЕСТВО людей получили спасение, включая других сутенеров; и миллионы долларов стали использоваться не для насилия над секс-рабами, а для Царства Божьего. Это РЕАЛЬНАЯ история и мощное свидетельство того, что происходит, когда проявляешь любовь к каждому «негодяю», как это сделал бы Иисус.

Все, с кем у вас когда-либо будут отношения, просто пытаются разобраться в этой жизни: друзья, родственники и незнакомцы – все в этом одинаковы. Мы все переживали боль; мы все жили в недостатке. Их приоритеты, как они тратят свое время и деньги, и как они реагируют на мир вокруг – все это отражение того, во что они верят. Все пытаются прожить жизнь настолько хорошо, насколько возможно, учитывая свое понимание реальности и реакцию на свой жизненный опыт. ВСЕ просто пытаются как можно лучше делать то, что им кажется истинным. Вот кто они такие.

КАКОВО ВАШЕ ОТНОШЕНИЕ К НИМ?

Может показаться, что на этот вопрос легко ответить. Например, большинство людей понимает разницу в отношениях между коллегами, родственниками и незнакомцами. ОДНАКО я бы хотела предложить другой ответ, нежели тот, который вам кажется. Ваше отношение ко всем прежде всего основано на том, что вы сын Божий. Вы – сын Божий и вы – воплощение Любви на земле. ВЫ – соль и свет. ВЫ – решение на недостаток и нужду земли. ВЫ – обеспечение во плоти.

Прежде всего вы – сын Божий, а затем уже *вставьте другую категорию взаимоотношений*. Вы можете быть супругом, родителем, ребенком, другом, коллегой, незнакомцем и так далее, но все это – отношения, которые у вас есть лишь на земле. Правильно и верно взаимодействовать со всеми по-разному, в зависимости от тех отношений, которые у вас есть с этими людьми, однако фундаментальная истина остается прежней: вы – сын Божий, взаимодействующий с другими возлюбленными детьми Божьими. Даже если они не знают, кто они, это не меняет и не может изменить их сущность. Чем больше мы осознаем этот факт, тем больше мы на самом деле будем как Иисус на земле.

Мы взаимодействуем с миром на основании своей системы убеждений. То, что мы ДЕЛАЕМ, показывает, во что ВЕРИТ наша душа. Мы можем говорить о своей вере то, что думаем, однако, когда дело доходит до ДЕЙСТВИЙ, а не слов… коса находит на камень. Например, Петр СКАЗАЛ, что никогда не отречется от Иисуса, и в его сердце это было правдой. Однако, когда пришло давление, Петр отрекся от Иисуса. Это показывает, что его душа не была готова оплатить цену, чтобы сказать Иисусу «ДА». Он хотел быть там, но еще туда не добрался. Мы все с Петром в одной лодке: все мы учимся обновлять свое мышление. Наши действия, а не наши слова, по-настоящему показывают наши приоритеты и убеждения.

Так что мы – сыны Божьи, учащиеся быть сынами на земле. Мы еще не до конца все поняли, однако те, кто хочет и подчиняется Яхве, учатся по ходу! Если мы – сыны, то Иисус – наш источник жизни. Как только каждая наша нужда восполняется, мы можем стать как Иисус на земле! В следующий главе мы углубимся еще больше в эту тему, а пока это означает, что Иисус может ответить на каждую нашу нужду.

Чтобы ответить на вопрос «Каково ваше отношение к ним?», нам сперва нужно посмотреть, как Иисус относится к людям. Он делает властный выбор, укорененный в Его любви ко всем. Христос самодостаточен Сам по Себе, а затем Он изливает Свою любовь равномерно на всех детей Божьих. Он не смотрит на статус, не ведется на манипуляции «я должен» или на людей, пытающихся Его контролировать. Вместо этого Иисус представляет Собой воплощение Небес на земле. Это означает, что мы – воплощение Небес на земле, и именно так мы должны относиться ко всем.

Наша сущность, история и ДНК изменились в момент, когда мы выбрали Иисуса: мы больше не люди, а сыны Божьи. Наша старая парадигма устарела. Очень часто даже наши самые фундаментальные предположения и убеждения оказываются неправильными. Умение относиться к земле как сыны Божьи – это еще одна часть основания, которую нужно перестроить. Можно попросить Иисуса показать, как выглядят отношения и отдельные люди с точки зрения Небес. Чем больше мы спрашиваем, тем больше можем узнать. По мере изменения нашего мировоззрения на мировоззрение Небес, наши действия и точка зрения тоже переживают радикальные перемены. Поэтому спрашивайте, спрашивайте, спрашивайте! На этом пути еще много чему нужно научиться!

ОБЩЕНИЕ

Честно говоря, я не хотела писать об общении, потому что на эту тему СТОЛЬКО информации, однако затем я поняла, что на тему «Как общаться с позиции сына Божьего?» информации мало. В Библии на самом деле МНОЖЕСТВО стихов про общение. Многие из них общеизвестны, и вы возможно их слышали:

> Иакова 1:19 (Синод.): «Итак, братия мои возлюбленные, всякий человек да будет скор на слышание, медлен на слова, медлен на гнев».

> Ефесянам 4:29 (Дословный перевод AMP): «Никакое гнилое [скверное, оскорбительное, бесполезное, вульгарное] слово да не исходит из уст ваших, а только доброе для назидания других, согласно нужде и случаю, чтобы оно было благословением для слушающих [что вы говорите]».

> Ефесянам 4:15 (Дословный перевод ESV): «Скорее, говоря истину, в любви, мы

возрастаем во всем в Того, Кто есть Глава, Христос».

Для верующих общение в любви – это основа основ. Клевета, злость, сплетни и оскорбления в ответ – все это примеры того, как НЕ НАДО общаться, и Библия ясно говорит об этом. Помимо основ, есть несколько ключевых вещей, о которых нужно помнить при общении с людьми.

1. Помните, что во всех отношениях вы, в первую очередь, сын Божий.

- С момента, когда вы получили спасение, все изменилось: вы больше не человек. Вы – измененный подвид, вы теперь сын Божий – НОВОЕ творение. ЭТО и есть ваша сущность. Каждый раз, когда вы говорите, вы – мост между Небом и землей. Вы имеете все решения, все обеспечение и всю мудрость, потому что вы ВО Христе, едины с Ним.

2. Разговаривайте с каждым человеком как если бы он был очень ценным… потому что это так и есть!

- Каждый человек сделан из частички Бога. Мы все – изображения Яхве, созданные по Его образу. От мала до велика, от отверженных до самых популярных – Яхве считает каждого человека достойным любви и уважения. Он не смотрит на лица, и Он – наш пример. Поэтому каждый раз, когда заводите с кем-то диалог, пусть в ваших словах будет почтение, потому что вы говорите с другим возлюбленным дитем Божьим.

3. Существуют моменты, когда надо щелкать бичом, переворачивать столы и выводить на свет фарисеев.

- Иисус и таким образом общался, так что для этого есть время и место, ОДНАКО это не норма. Иисус, насколько нам известно, сделал это всего один раз. Это тоже часть общения, одобренная Небесами. Помните все же, что Иисус видел Отца творящим и делал только так. Существует место для того, чтобы поднимался и высвобождался праведный гнев (не путать с гневом человеческим). Однако даже в праведном гневе сердцевиной и основанием должна быть любовь. Чтобы общаться, как Иисус, важно пребывать в Нем и делать только то, что делает Отец, и не выходить за грань, переворачивая столы.

4. Мы ВСЕ в процессе.

• Практически все, с кем у вас будут отношения, будут либо человеком, либо сыном Божьим, который учится им быть. Это значит, что почти все, с кем вы взаимодействуете, будут иметь душевные раны и фильтры, с которыми они живут… включая ВАС! Поэтому относитесь к ним с благодатью! По мере построения отношений будьте терпеливы и добры ко всем, включая себя.

5. «…Мы видим, как бы сквозь тусклое стекло… отчасти…» (1-е Коринфянам 13:12).

• Вы когда-нибудь ошибались? Были не правы? Мы ВСЕ стараемся поступать как лучше, согласно своим знаниям, поэтому будьте смиренными при общении с людьми. Возможно, не правы именно вы или же оба ошибаются! Также вы оба можете быть правыми! Поэтому пока вы не преобразились в сверкающий свет, я предлагаю выбирать дорогу смирения, когда дело касается отношений с живущими на земле.

Сам факт нашего умения хорошо общаться не означает, что все будет идти гладко: можно прекрасно доносить мысль, как если бы мы были Христом во плоти, и все равно ситуация может накалиться. Мы это знаем, потому что ИМЕННО ТАК было у Иисуса – Он делал только то, что видел у Отца, однако люди были ослеплены своими душевными ранами и избирали ожесточить свои сердца против Него. Поэтому мы общаемся как можно лучше, берем ответственность за свои ошибки и оставляем все остальное на усмотрение собеседника или группы, с которыми мы общаемся, и на то, как они решат это воспринять.

Глава седьмая

ПОДСОЗНАТЕЛЬНЫЕ СИСТЕМЫ

Существуют подсознательные системы, которые мы используем в отношениях с другими людьми. Наша семья, культура и опыт – все влияет на то, как и почему мы вступаем в отношения. Две основных темы, которые нуждаются в корректировке – это наша точка зрения на нужды и ожидания. Наши фундаментальные взгляды на нужды и ожидания влияют на каждые отношения, которые возникают между нами и другими людьми земли. Вот почему так важно обсудить эти темы, с точки зрения Небес.

НУЖДЫ

Нужды – распространенная тема в религиозных кругах. Меня научили смотреть на мир через свои нужды и через то, как их «здраво» восполнять. В церкви меня учили про языки любви, типы личности и «здоровые» потребности в противовес нуждам, основанным на незащищенности. Меня научили думать о своих нуждах, о том, как сообщать о них другим людям, и как сделать так, чтобы окружающие, как положено, отвечали на них. Теперь я практически со всем этим не согласна. Это сломанная система, которая еще больше сокрушает людей. Как только я возлагаю восполнение своих потребностей на кого-то еще, я уже программирую себя на неудачу, а свое сердце – на разочарование: это совершенно проигрышный цикл. Есть только одна Личность, способная ответить на каждую мою нужду.

Иисус начал направлять меня по новому пути касательно моих нужд, однако потребовались годы, чтобы до меня наконец дошло. Он продолжал говорить, что я могу восполнить все свои нужды в Нем – Он мой пожизненный Источник. У меня ушло много времени, чтобы понять Его слова. Я приходила к Нему со всеми своими ранами, болью. Он был Целителем, и я легко осознавала это. Однако Иисус приглашал меня еще глубже, у Него для меня было приготовлено больше, чем просто исцеление и спасение. Он хотел быть моим ИСТОЧНИКОМ ЖИЗНИ. Он не просто «ремонтник» для души: Иисус – это Сама ЖИЗНЬ.

Иисус показал, что на все мои потребности уже есть ответы в Нем. Как сын Божий, я была ЕДИНА с Самой ЖИЗНЬЮ, так что технически мои нужды восполнялись Иисусом. Однако тело ощущало, что у него есть нужды, и душа чувствовала, будто ей нужно больше, чем просто спасение. Я не позволила непониманию в отношении слов Иисуса заставить себя замкнуться – вместо этого я положилась на Него и начала учиться восполнять свои нужды в Господе.

Поясню: наши нужды весьма реальны. Если бы сейчас вы прекратили дышать, вы бы умерли. Я не говорю, что нужд не существует. Я имею в виду, что Иисус МОЖЕТ восполнить их все – даже физические! Как люди, мы имеем потребности, которые пытались удовлетворить на земле, однако теперь мы – сыны Божьи! Мы – ОДИН дух с Яхве. Бог был и есть полностью удовлетворен, целостен и совершенен в Троице – нет ничего, что Ему недостает. При этом Он создал нас по Своему образу. Мы были сотворены из Его части, и теперь мы воссоединились и стали одним духом с Ним. Если Яхве целостен, и у Него есть все, а мы – один дух с Ним… тогда мы тоже можем быть совершенными и не имеющими ни в чем недостатка. Это наша реальность как сынов Божьих. Наша душа просто не знает или не верит в это пока что! По мере роста и созревания мы учимся ходить и жить из состояния наполненности во Христе.

У людей существует два типа нужд: эмоциональные и физические. Некоторые из эмоциональных потребностей включают необходимость быть любимым, получать заботу и чтобы в нас верили. Физические же нужды более осязаемые: например, потребность в еде, дыхании и сне. Иисус способен восполнить ВСЕ наши потребности. Легче поверить, что Бог может удовлетворить эмоциональные потребности, однако физические нужды представляют такой же пустяк для Иисуса. Не верите? Тогда настало время науки…

В действительности наша физическая реальность – всего лишь фасад. Ничто не выглядит так, как оно есть на самом деле: вещи кажутся осязаемыми, однако, если свести все к микроскопическому уровню, вы обнаружите, что все создано из «энергии». Протоны, нейтроны и электроны созданы из мельчайших частиц под названием «кварки». Из чего сделан кварк? Ученые утверждают, что это «энергия», однако это лишь отчасти правда. Кварки – это ЗВУКОВЫЕ ВОЛНЫ! Да, вы правильно прочитали: все творение – всего лишь вибрация. Как вы думаете, чьи это звуки? Когда Святой Дух «носился» над бесформенной бездной, Он резонировал! Вы можете узнать больше информации на данную тему в книге Дэна МакКоллэма «Божественные вибрации». Вся его серия книг просто ЗАХВАТЫВАЕТ ДУХ. Моя точка зрения изменилась навсегда, когда я узнала, что весь мой физический мир – это просто звуковые волны.

Если все творение создано и содержится Иисусом, тогда Ему не сложно поддерживать даже наши физические нужды. Требуется время, чтобы переварить этот концепт, а затем понадобится множество практики, чтобы начать в нем жить! Наши душа и тело иногда долго не соглашаются поверить, что Иисус – наш Обеспечитель и Источник жизни. Всю свою жизнь мы жили на основании системы нужд, и это единственный опыт, который переживали наши душа и тело. Однако, по мере обновления своего мышления, мы также преображаем свою жизнь! Этому нельзя поверить и научиться самостоятельно: только личные отношения с Иисусом, где КАЖДАЯ сфера вашей жизни подчинена Ему, позволяют этому произойти. О подчинении мы поговорим далее в этой книге, а пока что просто знайте, что полная отдача жизненно важна для преображения каждой сферы нашей жизни.

Если наше тело не научится полагаться на Иисуса как на Свой Источник, оно просто умрет. Погодите, я что, говорю о вечной жизни до смерти и отправления на Небеса? Да. Но разве в Евреях 9:27 не сказано, что каждому человеку предназначено один раз умереть? Да, сказано! Но вот вам находка: мы… уже… умерли! Мы были со-распяты и со-воскресли в момент, когда получили спасение. «Но, Джессика, просто потому, что там сказано, что мы со-распяты и со-воскресли, это же не означает, что мы не умрем…» И я с вами соглашусь. Вы отчасти правы. ВЫ решаете, умереть или нет, ВАШЕЙ верой и тем, во что вы выбираете верить. Иисус ясно объясняет это Марфе перед тем, как воскресить Лазаря из мертвых:

> Иоанна 11:25-26 (Дословный перевод ТРТ): «Марфа, – сказал Иисус, – тебе не нужно ждать до этого момента. Я – Воскресение и Вечная Жизнь. Все, кто держится за Меня верой, даже если и умрет, будет жить вечно. <u>А тот, кто живет верой в Меня, не умрет никогда.</u> Веришь ли ты в это?» [Подчеркивание автора.]

> ИЛИ есть еще один туманный стих, говорящий о вечной жизни… в Иоанна 3:16!

Тело Еноха не умерло. Тело Илии не умерло. Иисус вернулся к жизни и затем вознесся в Своем теле. Я верю, что есть также много других людей, которые это делали, но про них не сказано в Библии. Я верю в это, так как Иисус сказал мне, что на земле есть люди, ходящие в этом, и я слышала свидетельства других верующих, которые с ними встречались! В Эдемском саду не было смерти, только жизнь. В момент получения спасения от греха мы становимся одним духом с САМОЙ Жизнью и Воскрешенной жизнью. Вот каким образом возможно, чтобы в нас не было смерти как эмоциональной, ТАК И физической. Здесь МНОГО информации для переваривания, но тем, кто обновляет свой разум и верит во все, что говорит Господь, это ДЕЙСТВИТЕЛЬНО возможно. Мы на самом деле можем удовлетворить ВСЕ свои нужды в Иисусе – как физические, так и эмоциональные.

Нам обычно проще принять, что Иисус может восполнить наши эмоциональные потребности, нежели физические нужды. Эмоциональные потребности вообще «невидимые», потому что их нельзя потрогать, поэтому легко поверить, что Иисус достаточно велик, чтобы их восполнить, поскольку Он тоже «невидимый». Большинству людей гораздо сложнее принять концепцию той реальности, что Бог может восполнить наши физические нужды. Я уже объяснила, что все физическое создано из звуковых волн. Это означает, что наша «реальность» полностью сотворена из вибрации. Иисус сотворил все, и Он держит все это вместе. Вдобавок духовная сфера предваряет физическую с ее законами, вот почему возможны сверхъестественные вещи. Когда ваша вера больше, чем физическое царство с его законами, становится легко совершать что-то сверхъестественное. Таким же образом духовная пища предваряет физическую, потому что она находится в более высокой реальности. Наше физическое тело в буквальном физическом смысле сотворено из Божественных вибраций, поэтому не так сложно поверить, что они могут поддерживаться Им Самим из духовной сферы! Если мы верим СЛОВУ Божьему, другими словами, вибрациям Господа, тогда невозможное становится возможным.

До тех пор, пока мы находимся в согласии со смертью (например, старением), она будет править в нашей жизни, потому что мы соглашаемся с ее естественным законом.

Однако нам больше не нужно жить по естественному закону: мы – сыны Божьи! Мы посажены на Небесах, поэтому мы относимся к более высокой реальности и сфере, из которой можем жить. Наши душа и тело могут согласиться с ЖИЗНЬЮ вместо смерти.

Изменение того, с чем мы соглашаемся, происходит, когда мы проводим время в личных отношениях с Иисусом И целенаправленно меняем свое мышление. Любой человек может иметь полное жизнеобеспечение в Иисусе, однако большинство людей не готовы платить эту цену. Это будет стоить вам <u>всего</u>: ваших страхов, вашей гордости, всего хорошего и плохого – КАЖДОЙ сферы вашей жизни. Полное подчинение жизненно необходимо, чтобы иметь полное жизнеобеспечение в Господе. Любая сфера нашего сердца и жизни, которая не отдана Ему, приносит нам смерть. Чтобы иметь полное жизнеобеспечение в Иисусе, все наше существо должно быть отдано Ему, имея согласие с ЖИЗНЬЮ. Для нас это возможно и доступно: чем больше мы соглашаемся с ЖИЗНЬЮ, тем больше мы будем выглядеть, как Христос на земле.

Мне потребовались ГОДЫ, чтобы это переварить, и я все еще учусь тому, как в этом жить. Мы все в процессе, мы все учимся жить как сыны. Мало-помалу мы сможем научиться и возрасти в том, чтобы во всех сферах иметь полное жизнеобеспечение в Иисусе. Все меняется, когда мы осознаем, что никто не может полностью восполнить ту или иную нужду, потому что сыны Божьи сотворены так, что их жизнь поддерживает только Иисус. Когда кажется, что нам что-то «нужно», мы ищем себе низкокачественный источник для обеспечения этого. Этого низкокачественного источника (чего угодно, кроме Иисуса) каждый раз будет не хватать… в конце концов, это всего лишь звуковые волны! Сперва наши тело и душа понимают только, что жизнь в этом мире создана из звуковых волн, но мы можем научиться жить из более высокого источника! Жизнь, с позиции Небес, – это то, как сыны удовлетворяют свои потребности в Иисусе, чтобы затем относиться к земле, с позиции Небес. Я не утверждаю, что являюсь экспертом в этой сфере: я не преобразилась, как Иисус на горе, и я не знаю, как ходить по воде… пока что. Однако я знаю, что Иисус ЕСТЬ Источник всей жизни. Знаю, что я один дух со всем, что нужно моей душе и телу: я всего лишь учусь возрастать и обновлять их так, чтобы они получали полное жизнеобеспечение в Иисусе, и то же самое доступно вам.

Уже есть достаточно

Стих Яхве к моему сердцу

Драгоценная,

Я – в тебе и ты – во Мне.

Нет никакого недостатка.

Всегда есть достаточно:

Достаточно времени, достаточно денег,

Достаточно исцеления, достаточно силы,

Достаточно благодати на каждый день.

Есть бесконечно больше, чем ты можешь попросить или представить.

До сих пор все, что ты знала, было недостатком.

Ты до сих пор была в рабстве:

Недостаток времени, недостаток денег,

Недостаток помощи, недостаток любви.

Всю свою жизнь ты провела, пытаясь восполнить недостаток.

Этого никогда не было в Моих планах.

У Меня столько всего для тебя!

Не нужно больше пытаться, не нужно бояться.

Нет больше недостатка, просто взойди сюда.

Почему ты ищешь то, что тебе уже было дано?!

Ты живешь вне времени.

Валюта Небес – это Любовь.

Я даю тебе силу делать невозможное.

И ты не можешь быть более любимой, чем уже есть.

Уже. Есть. Достаточно.

Ты живешь в реальности, которую создаешь.

Поэтому взойди сюда!

ОЖИДАНИЯ

Только что мы рассматривали тему нужд; ожидания находятся в той же категории. У Иисуса нет потребностей, и Он также не имеет от нас никаких ожиданий. При этом ожидания – это часть практически всех человеческих отношений. Они представляют собой яму для взаимоотношений, которая вызывает МНОГО сердечной боли. Вот мое определение ожиданий: это само-определяемый стандарт, которому, по нашему мнению, должен отвечать другой человек. Иисус не имеет от нас никаких ожиданий – Он приглашает нас потанцевать с Ним, но никогда не заставляет и ничего от нас не ждет. Яхве дал нам свободу воли, позволив делать собственный выбор без каких-либо ожиданий. Это наш пример как сынов Божьих: получать полное восполнение всего через Иисуса и приглашать людей присоединиться к танцу любви с Ним. Вот каким образом сыны Божьи относятся к земле: никаких ожиданий, никакого давления. Нам ничего от людей не НУЖНО.

> Исаия 2:22 (Дословный перевод NLT): «Не надейтесь на людей. Они столь же ненадежны, как дыхание. Что они могут?»

Когда я ожидаю чего-либо от других, мое сердце настраивается на разочарование, потому что это создает мой личный стандарт, которому другой человек никогда не будет соответствовать. Также я собственноручно ставлю свои эмоции в зависимость от действий других людей: мое состояние определяется тем, сделают ли они то, что я от них ожидаю. Любые отношения в потенциале могут подействовать на вас, ЕСЛИ вы этому позволите. Даже отсутствие отношений, к примеру, отсутствие супруга или детей, может оказать на вас влияние. Подчиняя свои эмоции ожиданиям от кого-то еще, вы отдаете свой собственный мир в чужие руки. У нас есть способность обрести надежду, мир и восполнение всех нужд в Иисусе.

Ожидания – весьма тонкая материя, поэтому их сложно вычислить. Мы редко сознательно решаем: «Я ожидаю, что этот человек сделает _____». Ожидания могут быть либо подсознательным стандартом (которому нас научила семья или культура), либо механизмом, помогающим нам справиться с невосполненными потребностями. Мы называем свои ожидания «нуждами», хотя в действительности это не совсем нужда.

Было бы странно говорить: «Я ожидаю от тебя этого», и культура приучила нас говорить: «Мне нужно, чтобы ты сделал это». Однако то, что вы только что назвали «нуждой», ей не является. Это желание и ожидание, которые вы возлагаете на другого человека. Вот некоторые распространенные примеры:

- Мне «нужно», чтобы они извинились.

  o Их извинение не исцелит ваше сердце и не заберет боль от того, что произошло. На самом деле вам НЕ НУЖНО, чтобы они извинились. Все, что вам НУЖНО, – это Иисус.

- Мне «нужно», чтобы мой супруг любил меня «вот так».

  o Смысл брака – отражать любовь Божью, однако он не может восполнить нашу необходимость в Самом Боге. Брак не исцеляет наши душевные раны. На самом деле нашей душе не НУЖНО получать любовь от супруга. Божий план для брака – быть прекрасным отражением любви, однако любовь, которая вам НУЖНА, – это Иисус.

- Мне «нужно», чтобы мой пастор восполнял мои духовные потребности или давал мне духовную пищу.

  o Делая подобные заявления, мы обращаемся к менее качественному источнику, чем Тот, для Которого мы созданы. Хотя он или она может быть пастором, все же не их задача восполнять ваши нужды. Даже если бы человек захотел вас удовлетворить и дал вам то, что, по вашему мнению, вам «нужно», этого всегда будет не хватать. Никакие действия, слова или осязаемые вещи не могут нас удовлетворить. Все, что нам по-настоящему нужно, – это Иисус. Он – ответ на крик нашей души.

В нашей семье мы приняли решение убрать из словарного запаса несколько слов. Например, мы решили не говорить «Я не могу». Не могу – это заявление о беспомощности, а для верующих нет ничего невозможного. Когда кто-то оговаривается и говорит, что не может что-то сделать, мы напоминаем ему, что фраза «Не могу» у нас запрещена, потому что все возможно в Иисусе. Таким же образом мы решили убрать слова »нужно» и «должен» из своего лексикона. Мы с мужем решили подкреплять свободную волю наших детей в процессе их воспитания: мы не хотим их контролировать, потому что Бог не контролирует нас. Мои дети не ДОЛЖНЫ делать то, что я им говорю: они могут выбрать что-то другое… за что, конечно же, будут последствия, однако это их свободное решение. Также мы не говорим нашим детям: «Тебе нужно это сделать», потому что это не НУЖДА. Это то, что я ХОЧУ, чтобы они сделали. Вместо этого я использую такие фразы, как: «Я бы хотела, чтобы ты (вставьте нужное)» или «Было бы мудро с твоей стороны послушаться». Например, наши дети любят плавать. Вместо того, чтобы велеть им задержать дыхание под водой, мы объясняем, что их тела не умеют дышать под водой… пока что. Мы постоянно укрепляем истину, что нет ничего невозможного даже для наших тел, и регулярно повторяем, что Иисус отвечает на все наши нужды, и что мы можем научить свои тела и сердца обретать жизнь в Нем. Мои дети проходят собственный путь знакомства с Богом. Далее я приведу запись разговора между моим пятилетним

Translation: If love is all I need? What does it mean. I can live with nothing.

(A journal entry of a conversation between my 5yr old and Jesus)

Перевод: «Правда ли, что любовь – это все, что мне нужно? Что это означает. Я могу жить без ничего». (Запись в дневнике разговора между моим пятилетним ребенком и Иисусом.)

Наши нужды были созданы так, чтобы восполняться Иисусом из четвертого измерения. Когда мы стараемся удовлетворить свои потребности в третьем измерении, наши попытки оказываются бесполезными. При этом мне на память приходит несколько случаев, в которых ожидания – вполне подобающая вещь. Один из примеров здоровых ожиданий – это ситуации в сфере бизнеса. Бизнес – это не способ восполнения эмоциональных потребностей с помощью сотрудников, скорее, это процесс достижения цели (например, продажи продукта): сотрудники партнерствуют с предприятием для ее осуществления. Здоровые ожидания укоренены не в нужде или незащищенности – это, скорее, приглашение людей работать сообща для достижения конечной цели.

Поэтому, за исключением бизнес-сферы или контрактных отношений, возлагать на людей ожидания будет не по-христиански. Бог не имеет от людей никаких ожиданий; Он приглашает людей быть Его партнерами или присоединиться к Нему в завете. Яхве ценит свободную волю. Он не оказывает давления и не возлагает ожиданий на Свое творение, чтобы не компрометировать нашу свободную волю, – вот наш пример. Ключом к зрелости и росту является способность приносить все к Иисусу. Осознание своих ожиданий, обновление мышления и исцеление души не приходят через книги или проповеди. Они дают нам знания в голове, однако преображение души идет от Иисуса: Он – все, что нам нужно. Поэтому задавайте Иисусу вопросы на эту тему и спрашивайте Его о своих отношениях. Он – ВАШ Источник, и у Него есть все нужные вам ответы и мудрость!

Глава восьмая

ГРАНИЦЫ

Глава на данную тему обсуждает причины, ПО КОТОРЫМ нам нужны границы. Книг, обучающих правильно расставлять личные границы, уже написано много, однако я тут хочу объяснить их ценность в свете сыновства.

Граница – это линия, которая определяет область стандарта, самостоятельно выдвинутого для самого себя.

Границы отличаются от ожиданий: последнее – это лично созданный стандарт для кого-то другого, для Бога или для самого себя. Обычно ожидания возникают на основании страха, недостатка, незащищенности или «нужд», удовлетворения которых мы ожидаем от окружающих. В то время как первое – это стандарты, лично созданные для самосохранения. У сынов Божьих границы существует для управления собой, а не для самозащиты. Здоровые границы создают внутренний стандарт системы сдержек и противовесов для сохранения мира в сердце.

Границы представляют собой библейский концепт, несмотря на то, что такого слова даже нет в Библии. Я определяю границы как внутренний стандарт, который мы устанавливаем для правильного управления собой. По этому определению даже у Иисуса были границы. Он использовал самозащиту из-за страха? Нет. Иисус – САМ пример здоровья и целостности. Вот несколько случаев самоуправления у Иисуса:

> Луки 5:16 (Синод.): «Но Он уходил в пустынные места и молился».

Луки 6:12 (Синод.): «В те дни взошел Он на гору помолиться и пробыл всю ночь в молитве к Богу».

Матфея 14:23 (Синод.): «И, отпустив народ, Он [Иисус] взошел на гору помолиться наедине; и вечером оставался там один». [Имя «Иисус» вставлено для ясности контекста.]

Иисус – наш пример во всем. Если у Него были границы, и Он управлял Своим внутренним миром, значит и нам правильно поступать так же. Сыны Божьи отвечают за управление самими собой. Отчасти зрелость – это способность к самоуправлению и самообладанию. Если мы плохо справляемся со своим внутренним миром, мы не сможем управлять миром внешним. Вот почему границы – это жизненно важный ключ к тому, чтобы относиться к миру как здравые сыны Божьи.

Чтобы управлять своим внутренним миром, необходимо иметь систему самопроверки и пребывать в Иисусе. Самопроверка – это просто осознанность и целенаправленность в отношении к своему внутреннему миру. Если что-то внутри нас находится в непонятном состоянии, мы приносим это к Иисусу. Поскольку мы посажены на Небесах, будучи едины с Господом, любая эмоция или мысль, появляющаяся извне Небес, не принадлежит этому месту. Вот почему нам сказано «пленять все помышления» (включая эмоции и чувства) и отдавать их Христу (2-е Кор. 10:5).

Иисус – наш пример, а Он говорил «нет» некоторым людям. Он уходил от толпы помолиться. Иисус целенаправленно и осознанно относился к Своему внутреннему миру: если Ему нужен был отдых, Он дремал; если Ему нужно было пообщаться с Отцом, Он уходил в тихое место, чтобы помолиться. Мог ли Христос жить без сна? ДА. Мог ли Христос жить на духовной пище без нужды прерываться от служения? ДА. Однако смысл был не в этом: Иисус –

наш образец для подражания, и Он знал насколько будут ограничены наши способности как младенцев во Христе. Господь приходит к нам на том душевном уровне, на котором мы находимся. В Своей доброте Иисус показал нам, как выглядят границы для сынов Божьих.

В моей жизни понимание личных границ прошло о-о-очень долгий процесс. Сперва у меня вообще не было никаких границ, я говорила «да» всему, что выглядело хорошим или духовным. Затем я выгорела и стала отказываться от множества вещей, однако говорила «нет» только из чувства самосохранения. Теперь я проверяю себя и приношу все к Иисусу! Когда что-то намечается, я оцениваю состояние своего внутреннего мира. На каком уровне мой покой и энергия? Как дела у моего тела? (Лично я сейчас все еще восстанавливаюсь после рождения детей, и мое тело отдыхает после периода лишений и годов истощения себя.) Я приношу все к Иисусу и спрашиваю Его, как быть. Я задаю такие вопросы как: «Есть ли у меня способность хорошо это выполнять?», «Есть ли какие-то неправильные фильтры, через которые я рассматриваю этот вопрос?» Затем, в зависимости от того, что показал и объяснил мне Иисус, я решаю, каким будет мой ответ. Если Иисус говорит, что я могу сделать «_____» (то, о чем я Его спрашивала) в покое, тогда я чаще всего это делаю. Если Он говорит, что это лишит меня покоя, и я делаю это из состояния «я должна» или собственными силами, тогда я думаю, как отказаться.

Я все еще учусь говорить «нет», однако чем больше я в этом возрастаю, тем легче это становится. Все сводится к одному: чем больше я вкушаю жизнь из состояния покоя и мира Небес, тем больше я не хочу идти на компромисс с жизнью в этом состоянии. Прежде всего мое «да» принадлежит Иисусу. Я хочу оставаться в состоянии согласия и пребывания в Нем. Это моя движущая сила для установления здоровых границ. Иисус выбирал личные границы и ставил молитвы и проведение времени с Отцом в приоритет, поэтому я хочу следовать Его примеру. Чем лучше я учусь управлять своим внутренним миром, тем лучше смогу управлять миром вокруг себя.

Вероятно, одна из самых больших сложностей здоровых границ заключается в том, что они меняются. То, что нам необходимо сделать для самоуправления, будет меняться от одного периода к другому и даже внутри одного и того же сезона! Вот почему так важно жить в ПОСТОЯННЫХ личных отношениях с Иисусом. Бог никогда не планировал отдавать нам «инструкции» от Иисуса, после которых мы Его больше не должны беспокоить; вместо этого мы призваны ПРЕБЫВАТЬ в Нем – жить в состоянии единения с Ним. Наше тело, обстоятельства и атмосфера вокруг постоянно меняются. Иисус знает, что будет лучше для нас в конкретный период и конкретный момент, чтобы мы могли оставаться здоровыми. То, что вы можете делать в состоянии покоя сегодня, может измениться завтра, и Иисус видит это. Отчасти здоровые границы – это умение доверять Иисусу и тому, что Он показывает вам в отношении самоуправления. Затем мы выбираем действовать согласно этому или нет.

Установление нами здоровых границ – это наш способ выбирать Иисуса превыше чего бы то ни было еще. Если мы поддаемся давлению «я должен» или манипуляции со стороны людей, мы используем свою свободную волю для партнерства с этими вещами, вместо того чтобы оставаться в покое. Иисус ничего не делает, потому что Он должен. Он – Царь, а цари поступают с властью и намерением. Когда Отец вел Иисуса на исцеление больных, Он исцелял больных, а когда Бог вел Иисуса подремать или уйти от толпы (служения), Тот слушался. Христос соглашался и сотрудничал ТОЛЬКО с Отцом. Иногда Он говорил «нет» НЕ для того, чтобы отвергать людей, а из послушания Своему Отцу. Для нас иметь здоровые границы и хорошо управлять своим внутренним миром значит делать то же, что делал Иисус. Чтобы отдать свое «да» Иисусу, нам придется сказать «нет» другим вещам. Это всегда того стоит, но в этом сложно и некомфортно возрастать. Хотя, чем чаще мы выбираем Иисуса, тем легче это становится.

Можно написать целую книгу на одну только тему границ, но, надеюсь, что я достаточно подогрела ваш интерес, чтобы вы пошли с вопросами к Иисусу. Он покажет вам, как выглядят здоровые границы в ваших обстоятельствах и жизненном сезоне. Господь также покажет, есть ли у вас границы, основанные на страхе или самозащите. Границы – это часть роста и достижения зрелости во Христе. Важно понимать их, чтобы правильно использовать в отношении к земле. Я вдохновляю вас разговаривать с Иисусом на эту тему: пребывайте в Нем и постоянно проверяйте себя!

Глава девятая

НАШИ ОТНОШЕНИЯ С БОГОМ

У меня не всегда были личные отношения с Иисусом: хотя я росла христианкой, любящей Господа, у меня не было близких отношений с Ним. Я молилась, читала Библию, ходила в церковь и работала над тем, чтобы быть «хорошей христианкой». Я верила, что за мои грехи заплачено, и надеялась узнать Своего Господина на Небесах. Я знала, что Он любит меня, и думала, что однажды мы сможем вместе сидеть на облаках в Раю. Вот какие были две моих самых великих надежды: жить, как женщина из 31-й главы Притч, и услышать, что Господь скажет мне: «Хорошо, добрый и верный раб!», когда я умру и попаду на Небо. Мои отношения с Богом не были плохими: Он был доволен иметь отношения со мной. Однако мне было доступно гораздо большее.

К счастью, все это изменилось, когда в 16-летнем возрасте я поехала в молодежный зимний лагерь. Там я впервые пережила личную встречу с Яхве. Несмотря на глубокое посвящение Господу, у меня не было с Ним близких отношений. В первую встречу Бог-Отец сокрушил мое сердце так, как было необходимо, взорвав религиозную коробку, в которой я находилась. С тех пор я начала все больше и больше углубляться в личные отношения с каждой Личностью Троицы. Хотя мой дух стал единым со Христом с того момента, как я выбрала Иисуса, душа не соглашалась с этой реальностью и истиной. Все сводилось к следующему: чем больше моя душа исцеляется и привязывается к истине, тем больше я вижу и общаюсь с Яхве. Несложно встретиться с Иисусом, я уже едина с Ним! Важно заставить душу забыть прошлые обиды и фильтры, чтобы она увидела истину. Я объясняла это в третьей главе книги «Основание»:

> В тот момент, когда мы получаем спасение, наш дух становится ОДНИМ духом со Христом. Мы навсегда изменили свою сущность. Мы были бессильны спасти себя; нам нужен был Спаситель и полное преображение. И Иисус нас спас! Мы получили наилучшее предложение во всей Вселенной: стать ОДНИМ духом с Самим Богом и присоединиться к вечному танцу любви! Однако Богу все еще не нужны роботы. Каким-то образом Иисусу нужно было сохранить нашу свободную волю. Поэтому Он предложил стать единым с нами и дать нам Свой собственный Дух, и это дает силы на все, что нам нужно. Наше единение со Христом - это наше изобилие, наша целостность, наша победа, наша сила и наш якорь. Так что Иисус СПАС нас и дал нам силы в нашем духе, одновременно сохранив нам свободу выбора в душе. Итак, теперь мы имеем силу от ИИСУСА в духе делать все, НО за нами остается выбор в каждый момент времени во всех областях, связанных с душой. То, как Иисус спас нас, одновременно сохранив нашу свободную волю, поистине гениально!

Яхве ХОТЕЛ иметь отношения со мной, однако Он ставит нашу свободную волю ВЫШЕ Своих желаний общаться со Своими детьми. Мы находим доказательства в Эдемском саду: Бог дал Адаму и Еве свободу не избирать Его, однако даже после того, как они решили съесть от древа познания, Яхве ВСЕ РАВНО пришел, чтобы быть в отношениях с ними. Он не стер их с лица земли и не нажал кнопку рестарта, потому что они ослушались ОДНОГО из Его повелений.

Он пришел, чтобы ходить с Адамом в его боли, однако АДАМ спрятался. В Ветхом и Новом Заветах мы видим, как сломленные люди снова и снова отвергают Бога: то же самое мы совершаем в своей душе каждый день.

Когда мы верим в какую-то ложь врага вместо Истины, эта сфера нашей души ОТВЕРГАЕТ Яхве. Любая травма, боль или ложь, с которыми мы соглашаемся, открывает сферу, где мы цепляемся за что-то, приносящие смерть нашей душе, вместо того, чтобы выбрать Иисуса. Хочет ли Яхве этого для нас? НЕТ. Яхве снова и снова устремляется к нам, приглашая нас в жизнь изобилия, однако мы постоянно ПОДСОЗНАТЕЛЬНО отвергаем Его. Мы даже не понимаем, что происходит внутри нас; мы не осознаем, что попытки цепляться за боль – это отвержение жизни. Вот почему, чтобы возрастать в сыновстве, так важно подчинить каждую сферу своего сердца Иисусу.

Находясь в религии, я относилась к Яхве так, как если бы Он был далеким, осуждающим творцом и господином. Я знала, что Он добрый и любящий, но при этом у меня был страх того образа, который рисовала мне религия. Я застряла в словах религии до тех пор, пока не услышала в лагере слова приглашения к отношениям с Ним. Впервые я услышала о замечательных личных отношениях, которые Яхве хотел построить со мной. Я могла бы отвергнуть эти слова, оставаясь в своей религиозной коробке, однако я жаждала больше Бога и хотела исследовать возможность личных отношений с Иисусом. Там, в лагере, я сказала Ему: «Если Ты в этом есть, тогда я этого хочу. Я хочу всего Тебя, сколько могу получить, даже если мне от этого будет некомфортно». Мои религиозные идеи и коробочка в тот вечер взорвались, и я изменилась навсегда.

Хотя я все еще расту в своих отношениях с Богом, есть некоторые вещи, в которых я не сомневаюсь: Бог – слишком сложная Личность для наших крошечных мозгов, и мое понимание Его весьма ограничено. При этом, вот что я знаю: Яхве, Иисус и Дух Святой имеют совершенные отношения между Собой. Они – Трое в Одном. Поскольку Они – Одно, то говоря о всех Них вместе, я называю Их Богом. Бог бесконечен и слишком велик, чтобы нам понять Его своим человеческим разумом. Бог уменьшает Себя для нас, чтобы мы могли понимать Его по частям, в надежде, что мы вкусим и познаем, что Он благ. Вот некоторые способы, как Бог уменьшает и описывает Себя для нас:

> Я ЕСМЬ: Иегова-Ире – ГОСПОДЬ твой Обеспечитель; Иегова-Рафа – ГОСПОДЬ твой Целитель; Иегова-Нисси – ГОСПОДЬ твой Флаг; Иегова-Шалом – ГОСПОДЬ твой Мир; Иегова-Раах – ГОСПОДЬ Пастырь твой; Иегова-Цидкену – ГОСПОДЬ твоя Праведность; Иегова Шамма – ГОСПОДЬ Здесь; Авва, Отче, Адонай, Альфа и Омега, Древний днями, Эль-Рой, Элохим, Эль-Элион, Бог Всевышний, Друг грешников, Чудный, Советник, Великий Бог, Вечный Отец, Князь мира, Правитель Израиля, Эммануил, Создатель, Лев Иудин, Эль-Шаддай, Бог Всемогущий, Добрый Пастырь, Великий Врач, Отец, Царь царей, Господь господ и много других имен!

Бог уменьшает Себя, чтобы иметь возможность отношений с нами. Мы Ему не нужны, но Он ХОЧЕТ любить нас: Ему приносит большое удовольствие иметь семью! (Еф. 1:4-5). Существует много способов, построить отношения с Богом: например, мы можем приходить к Нему как к Отцу, Царю царей или Другу. То, как вы выбираете относиться к Богу, определяет ваши отношения с Ним. Бог позволяет нам решать, на каких основаниях мы приходим к Нему и как глубоко Его познаем. Можно провести всю жизнь, считая Его господином над сотворенными Им рабами; можно относиться к Нему как к жениху, отцу, которого вам всегда не хватало, или видеть Иисуса своим другом. Также можно отойти от всех ярлыков и общаться с Ним в той полноте, на которую вы способны. Одна из моих любимых молитв это «Оскорби меня, Иисус!» Я специально использую слово «оскорбить», потому что, когда я обижаюсь на Бога, это выявляет ту сферу моего сердца, которая переживает застой. Я не хочу поместить Бога в коробку, ограничив свои отношения с Ним. Чем больше Бог меня оскорбляет, тем больше моя коробочка получает вызовов, и тем свободнее я становлюсь!

Прекрасный пример того, как можно относиться к Богу, показан в моменте, когда Иисус примиряется с Петром. В 21-й главе Евангелия от Иоанна Иисус мирится с Петром, после того как тот трижды отрекся от Него. Господь спрашивает Петра: «Любишь [агапео] ли ты Меня?» Слово «любишь» в данном контексте – это греческое слово «агапео», которое означает неумирающую любовь, <u>независимую от обстоятельств</u>. Это также посвященная любовь, которую человек ценит выше всего остального и не готов покинуть или оставить. Ответ Петра: «Ты знаешь, что я люблю [филео] тебя, Господи!» Итак, греческое слово «филео» – это <u>нежность</u> любви. Оно означает «быть дружелюбным, хорошо расположенным или нежным к предмету своих чувств». Иисус приглашает Петра иметь с Ним отношения на радикальном, посвященном уровне любви, а тот отвечает словом привязанности. Затем Иисус снова спросил Петра: «Ты агапео Меня?» («Будешь ли ты иметь со Мной отношения с посвященной, радикальной любовью, где ты выбираешь Меня выше всего остального?») И во второй раз Петр ответил: «Ты знаешь, что я филео Тебя, Господь!» («Ты знаешь, что я привязан к Тебе!») Иисус дважды пригласил его в радикальную любовь и блаженство, а Петр избрал не пойти туда, поэтому Иисус спустился на тот уровень, на котором находилась душа Его ученика. В третий раз Иисус уже спросил его: «Ты филео Меня?» («Будешь ли ты испытывать привязанность и нежность по отношению ко Мне?»), и Петр ответил: «Ты знаешь, что я филео тебя, Господь!» («Ты знаешь, что я привязан к Тебе!»)

> Откровение 3:20: «Я стою у двери и стучу: если кто услышит голос Мой и отворит дверь, войду к нему и буду иметь <u>глубокую и</u>

блаженную близость с ним, и он со Мною».
(Перевод автора – объяснение в третьей
главе книги «Основание».)

Он стоит у двери наших сердец, стучась. Снова и снова Бог приглашает нас в тайну Своего естества; Он приглашает нас в отношения с Ним на осязаемом личном уровне. Бог оставляет хлебные крошки в нашей жизни и по всей Вселенной, чтобы привлечь нас, однако в конечном счете МЫ решаем, впустим ли Его. МЫ решаем, сколько Бога хотим. Он дает нам возможность принять решение, как мы будем относиться к Нему. Бог хочет иметь глубокую и блаженную близость с нами: это то, для чего мы были созданы, однако все-таки мы решаем, впустим Его или нет.

Как бы Бог ни хотел иметь отношения с нами, Он не был и никогда не будет волшебным джином. Бог жаждет нашей любви и отношений, но не отчаянно: то, что мы приходим к Нему с ожиданиями или требованиями, не означает, что Он все выполнит. Божьи пути – не наши пути. Наши пути становятся Божьими путями тогда, когда мы становимся больше похожими на Него, однако вначале Божьи пути будут для нас странными и часто оскорбительными. Сперва, даже будучи сынами, мы не понимаем их: душевные обиды и раны создают внутри нездоровое мышление, на основании которого мы требуем и ожидаем от Бога каких-то вещей. Однако по мере того, как мы становимся больше подобными Ему, наши мысли и действия становятся больше похожими на Его. Итог: Бог хочет иметь личные отношения с нами, но Он не пойдет на компромисс со Своим характером.

Предположим, вы приходите к Богу и ожидаете, что Он ответит на молитву определенным образом – у вас есть от Него конкретные ожидания. Как мы уже говорили, ожидания приводят к разочарованиям и подчиняют наше состояние мира тому, как будут развиваться обстоятельства. Библия четко говорит, что наша НАДЕЖДА должна быть в Иисусе.

Мы можем быть уверены в Божьем характере, не ожидая от Бога, что Он сделает какую-то определенную вещь. Мы не можем контролировать Бога или манипуляциями заставить Его ответить на свои молитвы. ВСЕ, что делает Бог, укоренено в любви и имеет вечную перспективу. Мы можем быть уверены, что Он БЛАГ, и все, что Бог делает или не делает, тоже хорошо. Вместо ожидания, что Он сделает так, как мы просим, можно отдать все Ему и быть уверенными в Его характере. Даже если ситуация не будет развиваться так, как мы надеялись, Яхве все равно все обернет ко благу!

<u>Чтобы иметь с Богом здоровые отношения, полезно помнить несколько вещей:</u>

1. Бог бесконечен: Он больше, чем наши крошечные мозги. Он уменьшает Себя для нас, чтобы мы могли иметь отношения с Ним. Как бы мы ни думали, что знаем Бога, Он всегда будет иметь бесконечно больше для нашего исследования и познания!

2. Бог дает нам решать, как относиться к Нему. Мы определяем, насколько мы хотим Его познать. Можно позволить Господу оскорблять нас, постоянно расширяя свою коробочку, или же можно оставаться в своих ограничениях, и это тоже нормально. Бог рад иметь отношения с нами на том уровне, который мы выбираем.

3. Возлагать ожидания на Бога – значит настраивать себя на разочарование. Мы призваны НАДЕЯТЬСЯ на Иисуса, а не предъявлять Ему свои ожидания. Весьма самонадеянно полагать, что мы знаем лучше.

Бог не злится и не разочаровывается из-за вашего выбора. Он стоит у двери и стучит без требований или угроз. Чем больше Бога мы хотим познать, тем выше цена: это будет стоить нам гордости, страхов, прошлого, будущего, хорошего и плохого – ВСЕГО. Однако Он определенно всего этого достоин. Цена решения – положить все к Его ногам – не сравнима с тем, что мы получаем взамен. Чем больше я кладу у Его ног, тем больше Бога я получаю.

Однажды мой друг спросил меня: «Сколько благости Божьей ты готова получить?» Этот вопрос мгновенно выбил меня из состояния равновесия: мне хотелось рыдать и смеяться. Меня накрывало волнами любви Яхве, при этом я видела тонны любви, от которой все еще отказывалась из-за своих душевных ран. Я видела Его бесконечную любовь, которую удерживала от себя. Я видела, как за мной по пятам следует бесконечная благость, во все дни моей жизни.

> Псалом 22:6 (Дословный перевод ТРТ): «Только благость и нежная любовь преследуют меня все дни моей жизни…»

> Псалом 138:17-18 (Дословный перевод ТРТ): «Каждый момент Ты думаешь обо мне! Как драгоценно и чудесно думать, что Ты постоянно с любовью вспоминаешь обо мне в каждой Своей мысли! О, Бог, Твоего желания ко мне больше, нежели песчинок на всех берегах! Когда я просыпаюсь каждое утро, Ты все еще со мной».

Единственный вопрос сейчас: «Сколько Яхве ты хочешь получить?»

Путь познания Бога

Несотворенный.

Столь бесконечный и сложный.

Слишком великий для нашего человеческого понимания.

Все наше знание о Нем всего лишь капля в океане.

Мы знаем, что во всем Он благ, чист и свят.

Его милость превозносится над судом.

Медлен на гнев и изобилен в любви.

Отец. Целитель. Обеспечитель.

Спаситель.

Настолько широк, что держит Вселенную в Своих руках,

И все же Он видит нас.

Он не требует жертв, но предлагает Себя.

Он накрывает стол и наполняет нашу чашу.

Мы ослушались. Он ничего нам не должен,

И все же Он пришел.

Что такому Богу может быть нужно от нас?

Он заботится о нас и наших элементарных проблемах.

Мы столь банальны, ограничены, столь НЕ верны,

Однако Он избрал прийти и ходить с нами.

Он призывает нас глубоко в Свое сердце,

Манит нас в Свою тайну.

Затем, как если бы этого было недостаточно,

Он связывает Себя с нами в святом союзе,

Он приглашает нас быть Его Невестой.

В браке ты себе не принадлежишь,

И все же Он называет НАС Своей Невестой.

Эта тайна слишком велика для понимания.

Закроюсь ли я, пока не пойму?

Или я свяжу себя с этой великой Тайной?

Мне выбирать... и тебе.

Глава десятая

ВОЗНЕНАВИДЕТЬ ОТЦА СВОЕГО?

Луки 14:26 (BSB): «Если кто приходит ко Мне и не возненавидит отца своего и матери, и жены и детей, и братьев и сестер, а притом и самой жизни своей, тот не может быть Моим учеником».

Луки 14:26-27 (Дословный перевод TPT): «Если ты следуешь за Мной как Мой ученик, ты должен оставить в стороне своего отца, мать, жену, сестер и братьев; будет даже казаться, что ты ненавидишь свою собственную жизнь. Вот цена, которую ты заплатишь, чтобы считаться одним из Моих последователей».

Что за странный стих! Практически такой же странный, как тот, в котором Иисус сказал «есть Его плоть и пить Его кровь»! Иисус говорит нам любить, а не ненавидеть. Почему же тогда Он говорит, что нам нужно ненавидеть, чтобы быть Его учениками?! Иисус не меняет Своих мыслей – Он Тот же вчера, сегодня и вовеки. Если же Он Себе не противоречит, тогда что не так с этим стихом? Для того, чтобы его объяснить, хорошо будет начать со слова «ненавидеть». Когда мы питаем непрощение, оно перерастает в настоящую ненависть. Есть множество мест Писания, которые ясно говорят, что верующим правильно прощать, а не ненавидеть своих врагов. Рассматривая данный стих в оригинальном греческом языке, мы видим, что слово, переведенное как «ненавидеть», – это слово «мисео», и оно не всегда означает «ненавидеть». Часто существует много вариантов перевода слов с еврейского или греческого языка, и переводчики Библии сами решают, какое значение, по их мнению, каждое из них имеет в древнем тексте. Пример этому – слово «мисео». Переводчики Библии интерпретировали значение «мисео» как «ненавидеть», однако оно также может означать «быть безразличным» или «меньше любить».

Все же подобный ответ мне также ничего не прояснил: меня все еще смущало значение данного стиха, поэтому я попросила Иисуса объяснить. Я спросила, почему Бог хочет, чтобы мы были безразличными к своей семье и друзьям. То, что сказал мне Иисус, навсегда изменило мою жизнь... снова. Как сыны Божьи, мы – Иисус на земле (1-е Иоанна 4:17). Наши отношения со всеми прежде всего должны быть построены на основании того, что мы сыны Божьи. То есть, чтобы быть учениками Иисуса, мы должны любить других так же, как Он. Ненавидит ли кого-то Иисус? НЕТ. Однако Иисус ДЕЙСТВИТЕЛЬНО любит всех равнозначно: у Него нет любимчиков (Римлянам 2:11). Каждый человек драгоценен в Его глазах, сотворен Им и от Него.

Вот вам ключ: хотя Иисус любит всех одинаково, отношения у Него с нами разные. Отношения с человеком отличаются от любви к Нему. Бог изливает Свою любовь, однако МЫ решаем, будем ли отвечать на эту любовь или нет. МЫ решаем, какие отношения будем строить с Яхве. Иоанн – любимый ученик – был таковым не потому, что Иисус любил его больше остальных; он был любимым, потому что ОН любил Иисуса в ответ. Религия продолжает настаивать на лжи, что мы – менее любимые сироты; она указывает на некоторых людей и вешает на них ярлыки «благословенный» или «помазанный», однако это не правда. Люди, имеющие Божье «благословение», ничем не отличаются от всех остальных в своей сущности сыновства: мы ВСЕ едины с Иисусом как новое творение, одинаково любимое. Разница между теми, кто имеет Божье «благословение», и всеми остальными в том, что «благословенные» любят Бога любовью-агапе вместо любви-филео. Они не какие-то «отделенные» или особенные.

Бог не дает особенные дары некоторым из Своих детей, одновременно удерживая их от других. Просто кто-то ВЫБИРАЕТ Иисуса превыше всего остального вне зависимости от цены. Они отдают Яхве свое окончательное «ДА!». Они выбирают положить свою жизнь в любви-агапе. Они отделены только потому, что остальные не дают Яхве своего безоговорочного «ДА!». Приглашение к любви и общению с Яхве равно доступно КАЖДОМУ из нас. Мы решаем, какие отношения будут между нами и Яхве.

Возвращаюсь к вопросу о ненависти к своей семье. Как сыны Божьи, мы не можем править на земле и быть, как Яхве, если У НАС есть любимчики. Если у Бога нет любимчиков – а мы должны быть подобны Ему – это значит, что мы должны также любить всех одинаково. Если мы любим свою семью больше, чем незнакомцев, тогда мы не любим людей так, как любит их Бог.

Вот что сказал мне Иисус, когда я задала вопрос про стих с призывом «возненавидь своего отца»: «Мы не сможем управлять и царствовать, как Иисус, если наша семья становится идолом в наших сердцах». Вопрос не в том, чтобы я ненавидела свою семью: данный стих – это приглашение стать больше как Иисус. Так что вопрос в том, примем ли мы это приглашение? Готовы ли мы отдать свою семью Иисусу и исследовать то, как выглядит Его сердце и в отношении к нашей семье, и в любви ко ВСЕМУ Его творению?

Все сводится к подчинению: отдадите ли вы свою семью Яхве? Свергните ли вы всех идолов, к которым прилепились? Все, к чему мы прилепляемся, становится нашим внутренним идолом. Очень больно и сложно отдавать дорогих нашему сердцу людей… когда мы не доверяем Иисусу и не уверены в Его природе. Иисус БЛАГ. Он ХОЧЕТ, чтобы у нас были здоровые отношения Царства Небесного со всеми на земле, включая нашу семью. Если у нас получится не обращать внимания на обиду, которую данный стих поднимает в нашем сердце, мы сможем увидеть прекрасное приглашение от Иисуса. ВСЕ, что говорит, делает и просит от нас Иисус, укоренено в любви. Если вы чего-то не понимаете, задавайте Ему об этом вопрос! Если вы боитесь или вас обижает то, что Он говорит или просит от вас, приносите это Ему! Когда мы замыкаемся, это только замедляет наше исцеление и рост как сынов. Если вы выберете не обращать внимания на оскорбления от данного стиха и триггеры, которые вызываются данной главой, тогда вы обретете <u>исцеление</u> и <u>прорыв</u> в своей жизни.

«Ненависть» к моей семье, то есть когда я убираю их с идольского пьедестала в своем сердце, на самом деле освобождает. Да, ОСВОБОЖДАЕТ! Все, что просит от меня Иисус, делается для того, чтобы дать мне больше ЖИЗНИ. Любой идол внутри меня питается моей энергией и не только: каждый идол, за которого я держусь, – это сфера сердца, которая не прилеплена к Иисусу. Хотя люди думают, что держаться своей семьи благородно и правильно, это на самом деле может стать сферой СМЕРТИ в своем сердце. Смерти?! Как любовь к семье может быть смертью?! Я объясню:

> Матфея 6:21 (Дословный перевод ТРТ): «Ибо твое сердце всегда будет следовать за тем, что ты почитаешь своим сокровищем».

Все, что вы цените в своем сердце, становится вашей целью: вы будете отдавать этому энергию и подчинять этому часть себя. ЛЮБАЯ сфера наших сердец, которая прилеплена к чему-то еще, кроме Иисуса, это сфера, которая находится в обмане и смерти. Когда я отдала своего мужа Богу в первый день после свадьбы (см. в третьей главе), я начала понимать, почему Иисус попросил меня подчиниться Ему. Все, к чему я привязана, я делаю своей собственной силой, а то, что я отдаю Иисусу, ОН несет СВОЕЙ силой. Мое бремя легко, когда я хожу в подчинении – Иисус несет весь мир, а я свободна от страхов и беспокойств.

Лично мне потребовалось побороть МНОГО страхов, чтобы удалить свою семью с позиции идола, но постепенно мое выражение любви и взаимодействие с родными изменились. Со стороны, может быть, не видна разница в том, КАК я взаимодействую с ними. Но сердце? ОНО выглядит совершенно по-другому: мое сердце было сковано страхом за их здоровье, благополучие, страхом за их будущее, страхом перед болью и смертью. Все, что становится моим идолом, превращается в груз, который я вынуждена нести. Это становится обузой и ответственностью. Вот почему прилепление к семье приносит смерть. Когда я отдала свою семью и страхи Иисусу, эта часть моего сердца стала свободной – она перестала быть тяжелым грузом. Теперь Иисус несет их, а я свободна любить и быть любимой.

Люблю ли я все еще свою семью? ДА! Конечно! Бог любит мою семью сильнее и глубже, чем я когда-либо смогу любить их по своей плотской природе. Жить в подчинении не означает, что мы становимся холодными и черствыми по отношению к своим родственникам. На самом деле все как раз наоборот: чем глубже подчинение, тем больше ваше сердце освобождается, чтобы понимать любовь. Каждый раз, когда я кладу свою семью на алтарь, мое понимание любви и свобода любить растут. Наши отношения становятся чистыми и неоскверненными, потому что мы подчиняемся Иисусу. Наша любовь чиста, свободна от страха и нужды и дает силы им и нам, по мере того как мы углубляемся в тайну этого стиха.

На этом пути я расту в том, чтобы видеть свою семью и друзей, их будущее и каждую трудность глазами Небес. Когда мы смотрим на боль, смерть и скорбь через глаза Небес, это перестает быть страшным. Все, что я вижу, – благость Иисуса, Его любовь и спасение для моей семьи. ЭТО и есть свобода!

В третьей главе мы детально разбирали вопрос посвящения. Я предлагаю вам часто перечитывать эту главу и задавать Иисусу вопрос: «Что Ты хочешь показать касательно стиха «возненавидеть своего отца»?» Если нам удастся не обижаться на Иисуса за то, что Он это сказал, мы увидим: это было просто приглашение углубиться в Божьи вещи. Я не смогла увидеть цепи, пока не отдала Ему все дорогое в своей жизни; но как только я сложила это у Его ног, я обнаружила, что Яхве даже лучше, чем я ранее представляла. Я стала еще более здоровой и свободной. Истинно говорю вам: все, что говорит, делает или просит от нас Иисус, укоренено в любви.

Иисус был весьма «противоречив» в Своих действиях и учении, и для того чтобы получить полную картину сыновства, полезно рассмотреть Его целиком. Что говорил Иисус, и когда Он это делал? Как Иисус служил? Учил? В каком контексте Иисус был мягок, а когда был настойчив? Мы не можем прочитать интонацию, с которой говорил Иисус, поэтому я нахожу полезным СПРАШИВАТЬ Его об этих вещах. Задавайте ему вопросы, как выглядели библейские истории. Спрашивайте Его, каким тоном и с каким намерением Он говорил определенные вещи и делал то, о чем мы читаем. Догадываясь или предполагая, что имел в виду Иисус, мы очень часто что-то упускаем… или вообще неправильно понимаем всю картину того, что Он говорил или делал. Когда я начала детально рассматривать, как и что Иисус говорил и делал, это радикально изменило мою точку зрения на служение, жизнь и сыновство. Я ВЕСЬМА рекомендую вам задавать те же вопросы, которые я задаю в этом абзаце. Когда мы готовы неортодоксальным образом исследовать слова и действия Иисуса, тогда мы больше понимаем и видим сердце Отца, а это помогает нам стать больше похожими на Него, возрастая в сыновстве.

Глава одиннадцатая

ВЫСВОБОДИ АПОКАЛИПСИС!

Исследование спорных тем помогает нам возрастать, потому что так мы все больше и больше начинаем видеть сердце Отца. А какая тема может быть лучше, чем вопрос про апокалипсис, чтобы завершить книгу по возрастанию в сыновстве?! Апокалипсис – широко обсуждаемая тема, причем многие верят, что мы все больше и больше приближаемся к концу времен… а некоторые верят, что они уже начались. Сразу скажу, я без понятия, как все будет происходить в отношении «конца света». Несмотря на то, что я ничего об этом не знаю, можно уверенно сказать: мы можем ОЖИДАТЬ того, что Бог будет делать на земле. ВСЕ, что делает Бог, радикально укоренено в любви, искуплении, примирении:

> *2-е Петра 3:9 (Синод.): «Не медлит Господь исполнением обетования, как некоторые почитают то медлением; но долготерпит нас, не желая, чтобы кто погиб, но чтобы все пришли к покаянию».*

> *1-е Тимофею 2:3-4 (Синод.): «Ибо это хорошо и угодно Спасителю нашему Богу, Который хочет, чтобы все люди спаслись и достигли познания истины».*

> *Иоанна 3:16-17 (Дословный перевод ТРТ): «Ибо таким образом Бог возлюбил мир – отдал Своего единственного, уникального*

Сына как подарок, чтобы теперь всякий, кто верит в Него, не погиб, но пережил вечную жизнь. Бог не послал Своего Сына в мир, чтобы судить мир, но чтобы Он стал его Спасителем и спас его!»

Будучи сынами, мы можем быть уверенными в Яхве вне зависимости от переживаемых нами обстоятельств или от того, что чувствует наша душа. До скорби, среди скорби, после скорби, без скорби: не обязательно знать, как или когда все на земле начнет меняться... Неважно, как это произойдет, Бог БЛАГ! Тогда о чем я вообще говорю? Я подняла тему апокалипсиса не для того, чтобы обсуждать эсхатологию, а чтобы исследовать сердце, стоящее ЗА апокалипсисом. Хотя я действительно верю, что Тело Христово ожидают напряженные времена, у меня другая точка зрения и даже некое предвкушение апокалипсиса. Прежде чем мы сможем исследовать эту интересную тему, давайте начнем с определения того, о чем мы вообще говорим.

Определение апокалипсиса:

- Полное и окончательное разрушение мира, описанное в библейской книге Откровение. (Определение Оксфордского словаря.)

- Одно из иудейских и христианских писаний с 200 года до н.э. до 150 года н.э., отмеченное использованием псевдонимов, символических образов и ожиданием неизбежного космического катаклизма, в ходе которого Господь уничтожит правящие силы зла и поднимет праведных к жизни в мессианском царстве. (Определение из Словаря Мерриэм-Вебстер.)

Какие чудесные определения, особенно то, которое дала Мерриэм-Вебстер! Люди в общем согласны, что апокалипсис – это «конец света». Хотя с точки зрения культуры это правильное определение, изначально данное греческое слово имеет гораздо более богатые значения. Апокалипсис – это корень греческого слова, которое означает «открытие, обнаружение, проявление, или раскрытие истины»! Это значение совершенно отличается от полного разрушения и «конца света»! Последняя книга Библии, Откровение (Апокалипсис) Святого Иоанна Богослова написана не про «конец света», а про ПРОЯВЛЕНИЕ Иисуса на земле! ВАУ!

Проявление, или открытие Иисуса на земле – ЕДИНСТВЕННАЯ плохая новость для тьмы, однако это ВЕЛИКОЛЕПНАЯ новость для нас! Мы – дети Света, один дух с Самим Иисусом. Мы ХОТИМ, чтобы Иисус проявился на земле и в нашей собственной жизни! Тьма уже присутствует в мире; скажу больше, даже у сынов Божьих в душе присутствует тьма, с которой они еще не разобрались. В любом случае, она _уже_ здесь. И в любом случае откровение Иисуса прольет свет на тьму, чтобы можно было с ней разобраться окончательно! ВСЕ, что делает Иисус, хорошо. Нет нужды бояться того, что от Бога.

Однажды я молилась за подругу в группе, и пока она сидела на «горячем месте», я молилась, чтобы Бог высвободил апокалипсис в ее жизни. Это было очень смешно, потому что она понимала значение слова «апокалипсис», в то время как все остальные его не знали. Другие члены нашей группы думали, что я молилась о ее полном разрушении (с вытекающей тьмой, которую оно подразумевает), хотя на самом деле я благословила ее пережить более глубокое откровение об Иисусе и вместе с Ним! Каким бы забавным ни был этот момент, он прекрасно иллюстрирует неправильное понимание, присутствующее у многих верующих в отношении истинной природы апокалипсиса.

Как сыны, мы можем радостно приветствовать любое откровение, проявление или апокалипсис Иисуса в своей жизни и в мире! «Это конец того света, который мы знаем», регулярно и РАДОСТНО поет мое сердце. Мир, который я знала, прекратил свое существование в тот момент, когда я стала возрастать в сыновстве. Я постоянно переживаю свой личный апокалипсис, по мере того как Иисус все больше и больше открывается в моей жизни. Я продолжаю обнаруживать, что Он больше, сильнее и лучше, чем мне казалось ранее. Я ЛЮБЛЮ апокалипсис!

По мере роста нашего общения с Богом мы начинаем приобретать все большую уверенность в Его характере и доброте. Уверенность в Яхве перерастает в покой и доверие, которые дает нам якорь, не зависящий от слов и обстоятельств. Но в этой уверенности еще нужно вырасти. Наша история с Богом становится свидетельством, которое увеличивает нашу веру и уверенность при столкновении с неизвестностью. Это часть пути сыновства. Это процесс, откровение и возрастание в зрелости во Христе.

На пути сыновства очень полезно помнить, что это ПУТЬ. Мы находимся в постоянном процессе: нам постоянно есть, чему учиться. Чем больше мы прекращаем свои попытки «прибыть» в некое духовное место назначения, чем больше мы принимаем это как путешествие, тем более свободными мы становимся, и тем больше мира будет внутри. Мы рождены свыше, начиная с уровня младенцев во Христе. У младенцев впереди до-о-олгое время до зрелости здоровых и сильных взрослых. Яхве знает это про нас: Он Тот, Кто нас сотворил!

Когда родились мои дети, я была абсолютно довольна ими. СДЕЛАЛИ ли они уже что-либо? Нет. На самом деле они не то, что ничего не сделали, наоборот, усложнили мою жизнь бессонными ночами, отрыжками, грязными подгузниками, порчей моей одежды и вещей. Однако все это было для меня неважно – они были моими детьми, моей плотью и кровью, частью меня, рожденные от меня. Они не могли сделать что-то, чтобы я стала меньше их любить, им не нужно было достигать моей любви и расположения: я была полностью довольна ими с момента зачатия. Я была не против менять подгузники, вытирать слюни и убирать постоянный беспорядок, потому что знала, что это часть построения семьи. Было бы абсурдно полагать, что мои дети родятся и сразу же будут способны о себе позаботиться, превратившись в функционирующих взрослых. Я знала, что им потребуется много времени и много помощи. Каждый день они все больше растут и созревают. Я не боюсь их ошибок, потому что каждая ошибка – возможность для роста, и каждое испытание делает их сильнее.

Это похоже на то, как смотрит на нас Яхве, только Его любовь сильнее. Он Сам – Вездесущая, Всеведущая ЖИЗНЬ. Яхве знает, что наш процесс достижения зрелости требует времени. Он терпелив по отношению к Своим детям. Когда мы соглашаемся с разочарованием и нетерпением в своем духовном хождении, МЫ замедляем свой рост. На Небесах нет нетерпения или разочарования, поэтому и у нас этого тоже не должно быть. На самом деле мы быстрее растем и созреваем, когда являем к себе такие же любовь и терпение, которые есть у Яхве к нам. Подчиняясь и ставя Яхве превыше осуждения к самим себе, мы обнаруживаем, что можем устремляться от славы к еще большей славе.

Серия книг о сыновстве родилась в результате процесса, который длился более 10-ти лет: я переучивалась и перестраивала все, что мне казалось, я уже знаю. Были сомнения, стоит ли писать эту серию, потому что мне все еще столь многому нужно научиться и так много расти. Тем не менее у меня было на сердце поделиться тем, что имею, чтобы помочь верующим в их пути. Потребуется ВРЕМЯ, чтобы переварить все, что здесь охвачено. Наблюдение и теория не научат младенцев ходить: им приходится самим делать шаги. Потребуется время, чтобы они поняли, как держать равновесие, переставлять ноги, воспринимать глубину и учитывать все те маленькие детали, которые мы больше не замечаем во время ходьбы. Показать и рассказать младенцу все, что можно, это хорошо, но у него будет своя кривая обучения по мере приобретения понимания, как ходить самому. То же самое происходит с нами в хождении со Христом. Послушать проповедь или почитать книгу – это хорошо, однако все равно нужно время, для того чтобы научиться, как в этом ходить самостоятельно. Поэтому будьте терпеливы к себе: мы растем.

Данная книга (и серия) предназначена как введение к пониманию «СО»-Евангелия, в котором мы живем; она обучает относиться к земле с позиции сынов Божьих. Я коснулась этих больших тем лишь поверхностно, в надежде, что этого будет достаточно, чтобы у вас появилась жажда разговаривать с Богом на эту тему. Мне хочется дать вам некоторые инструменты и достаточно информации, чтобы вы могли пойти к Иисусу и поговорить с Ним об этом самостоятельно. Мне важно не давать людям знание в голове, потому что духовная информация сама по себе ничего не производит: у нас ничего не изменится, если не будет преображений в душе. Очередная книга или проповедь не поможет нашей душе, если мы не позволим Иисусу проговорить к нам на эту тему… и затем не примем решение согласиться с тем, что Он нам сказал! ИИСУС – наш Источник.

Информация в данной книге потребовала ГОДЫ переработки и усвоения: по моим ощущениям, я все еще как маленький ребенок, который учится восполнять ВСЕ свои нужды в Иисусе. Чтобы жить на полном обеспечении Иисуса, когда все нужды удовлетворяются Им, нужна практика! Нашей душе придется переварить множество истины (и граней истины), чтобы научиться как следует в этом жить, однако чем больше мы ходим с Иисусом, тем больше мы становимся похожими на Него. Жизнь дана не для того, чтобы «достигнуть» некоего духовного места назначения, – она для того, чтобы присоединиться к танцу любви с Яхве. Если вы присоединились к нему, то вы уже «достигли»!

Так что наслаждайтесь танцем! Мы присоединились к семье и начали свой путь становления такими, как Он. Яхве уже доволен нами.

Я вдохновляю вас снова, и снова, и снова задавать Иисусу вопросы на темы, которые тут охвачены. Некоторые вопросы можно задавать неоднократно, потому что каждый раз, по мере вашей готовности, Яхве будет давать все более глубокие ответы. Счастливого возрастания! Пусть апокалипсис будет высвобожден в вашей жизни! Наслаждайтесь танцем!

РАЗРЕШЕНИЯ НА ЦИТИРОВАНИЕ ПИСАНИЯ

Цитаты Священного Писания приведены из Синодального Перевода Библии (Синод.) и дословно переданы из пяти английских переводов:

- Berean Study Bible (BSB)

- English Standard Version (ESV)

- New Living Translation (NLT)

- Amplified Bible (AMP)

- The Passion Translation (TPT)

Разрешения предоставлены:

ОБ АВТОРЕ

Джессика Онсага была никем из ниоткуда, пока не обнаружила свой настоящий статус и не поняла, что он точно такой, как у Иисуса – «сын Божий». Джессика прошла долгий путь утверждения своей истинной природы, возрастая в личной дружбе с Иисусом и укореняясь в своем новом статусе сыновства. Теперь она помогает другим делать то же самое!

www.ingramcontent.com/pod-product-compliance
Lightning Source LLC
Chambersburg PA
CBHW051219120626
46547CB00013B/1428